D1825603

Libro de cocina completo de la dieta Dash, Libro de Cocina de Superalimentos, Dieta del Metabolismo, Recetas de dieta india

Tabla de contenido

El siguiente Book se presenta con la finalidad de proporcionar información lo más precisa y fiable posible. A pesar de esto, la compra de este Book puede considerarse como un consentimiento de que, tanto el editor como el autor de este libro, no son de ninguna manera expertos en los temas tratados en él y que cualquier recomendación o sugerencia que se haga en el presente documento, es sólo para fines de entretenimiento. Se deben consultar a los profesionales cuando sea necesario antes de emprender cualquiera de las acciones aquí aprobadas.

Esta declaración es considerada justa y válida tanto por la Asociación Americana de Abogados como por el Comité de la Asociación de Editores y es legalmente vinculante en todos los Estados Unidos.

Además, la transmisión, duplicación o reproducción de cualquiera de los siguientes trabajos, incluyendo información específica, se considerará un acto ilegal, independientemente de si se realiza por vía electrónica o impresa. Esto se extiende a la creación de una copia secundaria o terciaria de la obra o de una copia grabada y sólo se permite con el consentimiento expreso por escrito de la Editorial. Todos los derechos adicionales están reservados.

La información de las páginas siguientes se considera, en general, como un relato veraz y preciso de los hechos y, como tal, cualquier falta de atención, uso o mal uso de la información en cuestión por parte del lector, hará que las acciones resultantes queden exclusivamente bajo su responsabilidad. No hay escenarios en los que el editor o el autor original de este trabajo

El libro de cocina completo de la dieta Dash en español / The complete Dash diet cookbook in Spanish

Capítulo 1 - ¿Qué es la dieta Dash?

La dieta Dash es una de las dietas más recomendadas que existen en la actualidad. Según las noticias de EE. UU. y los informes mundiales, la dieta Dash es la dieta más saludable y la mejor dieta para tratar la diabetes cuatro años seguidos. Pero, ¿qué es la dieta Dash y cómo puede ayudarlo?

Dash significa enfoques dietéticos para detener la hipertensión. No es una de estas dietas fabulosas de un mes o seis meses que haces para perder algunas libras. Esta dieta es un enfoque de por vida para una vida más saludable y para prevenir la hipertensión (presión arterial alta) y todos los otros trastornos que pueden surgir de ella. A pesar de la variedad de alimentos permitidos por la dieta Dash, su énfasis en el tamaño de las porciones y los alimentos ricos en nutrientes puede reducir la presión arterial en unos pocos puntos en solo un par de semanas.

Al cambiar su dieta a alimentos integrales ricos en nutrientes, como granos enteros, vegetales, frutas, lácteos bajos en grasa, nueces, semillas y carnes magras, aves y pescado, puede reducir sus niveles de sodio de inmediato. La dieta estadounidense promedio consume hasta 3.400 mg de sodio al día, más de mil miligramos más de lo que sugieren las Pautas dietéticas para estadounidenses y casi dos mil miligramos más de lo que recomienda la American Heart Association. Eso significa que, en promedio, los estadounidenses consumen dos tercios más de sodio de lo recomendado; Estos niveles son insostenibles y dan lugar a enfermedades y trastornos. Esta es la razón por la cual la dieta Dash intenta evitar los alimentos procesados ricos en sodio y sugiere otros alimentos integrales ricos en vitaminas y minerales.

La dieta Dash alienta a una persona a comer alimentos que contienen minerales para ayudar a reducir la presión arterial, como el potasio, el calcio y el magnesio. Estos minerales se encuentran en todo tipo de verduras y frutas, así como en medios magros y granos enteros. Al reducir la presión arterial, la dieta Dash también puede ayudar a prevenir y tratar la osteoporosis, el cáncer, las enfermedades cardíacas, los accidentes cerebrovasculares y la diabetes.

Todo esto suena genial, ¿verdad? Bueno, cómo hacerlo a diario: la dieta rápida recomienda al menos seis a ocho porciones de granos enteros. Los granos proporcionan una buena fuente de fibra y son bajos en grasa. Luego, uno debe tener de cuatro a cinco porciones de frutas y verduras. Las frutas son una excelente fuente de potasio y magnesio y no tienen sodio; sin embargo, las frutas cítricas son algo que debes mirar. Reaccionan con ciertos medicamentos y pueden tener efectos nocivos, por lo que es inteligente hablar primero con su médico. Entonces debe haber dos o tres porciones de productos lácteos. Los lácteos son donde obtiene su calcio, vitamina D y proteínas. Finalmente, se supone que debe comer seis porciones de carnes magras al día. Tienen una gran cantidad de proteínas, hierro, zinc y vitamina B. Una cosa a tener en cuenta, si está cocinando aves de corral o carne de res, la grasa debe cortarse, y la carne debe hornearse o asarse en vez de freírlo en grasa.

Ahora que se han discutido las porciones de comida, necesitamos hablar sobre el alcohol. El alcohol no está prohibido en la dieta Dash, pero el consumo excesivo de alcohol puede conducir a una presión arterial más alta. De acuerdo con las Pautas dietéticas para los estadounidenses, los hombres deben limitarse a no más de una o dos bebidas al día, y las mujeres deben limitarse a menos; por lo tanto, si se toma en serio la dieta, dejar de beber todo junto podría ser su mejor opción.

En este momento, es plenamente consciente de lo que está consumiendo en lo que respecta a la dieta Dash y los beneficios que conlleva seguir la dieta. Todo lo que necesita ahora son las herramientas para poner la teoría a trabajar. En los siguientes capítulos, recibirá algunas recetas para el desayuno, el almuerzo y la cena que son deliciosas, nutritivas y que están en total conformidad con la dieta Dash. ¡Buena suerte y feliz dieta!

Capítulo 2 - Recetas para el desayuno con la dieta Dash

Pizza De Frutas para el Desayuno

Esta receta es divertida de preparar en la mañana que comienza el día con una gran porción de fruta. El método tarda quince minutos en prepararse con tres minutos de tiempo de cocción y producirá dos porciones.

Información nutricional

- ☒ Proteína: 6 gramos
- ☒ Carbohidratos netos: 6.2 gramos
- ☒ Grasa total: 37,5 gramos
- ☒ Calorías: 462

Que utilizar

- ☒ Dos frambuesas
- ☒ Un cuarto de taza de arándanos
- ☒ Media taza de moras
- ☒ Media taza de fresas cortadas
- ☒ Tres kiwis cortados
- ☒ Media cucharadita de extracto puro de vainilla
- ☒ Una o dos cucharaditas de miel
- ☒ Siete onzas de queso crema
- ☒ Dos pitas de pan plano de trigo integral

Qué hacer

- ☒ Asegúrese de que su horno esté configurado a 400 grados Fahrenheit.
- ☒ Coloque las dos pitas de pan plano de trigo integral en el horno y tuéstelas a su gusto.

- Coloque las pitas de pan plano tostado en el mostrador para que se enfríen.
- Unte el queso crema sobre el pan plano de manera uniforme.
- Rocíe un poco de miel sobre el queso crema para agregar un poco de edulcorante.
- Agregue un toque de vainilla al queso crema para darle un agradable sabor dulce.
- Ahora, agregue la fruta. Arriba, se recomiendan kiwis, fresas, moras y arándanos, pero siéntase libre de agregar cualquier fruta que le resulte agradable. Otras opciones son manzanas, plátanos y duraznos.

Pan francés de la Dieta Dash

¿A quién no le gustan las tostadas francesas? La dieta Dash tiene una excelente tostada francesa con puré de manzana que derretirá sus papilas gustativas. Y, ¿qué mejor manera de hacerlo más saludable que usar claras de huevo en lugar de huevos completos o mezcla de masa? ¡Esto proporcionará un desayuno bajo en grasa sin poner en peligro la proteína, el potasio y el magnesio que necesita para mantenerse saludable! Esta receta tomará veinte minutos y producirá una porción.

Información nutricional

- Proteína: 8 gramos
- Calcio: 100 miligramos
- Sodio: 220 miligramos.
- Fibra: 2 gramos
- Carbohidratos: 27 gramos.
- Grasas saturadas: .5 gramos
- Grasa total: 3 gramos
- Calorías: 150

Que utilizar

- ☒ Seis rebanadas de pan integral
- ☒ Un cuarto de taza de compota de manzana
- ☒ Dos cucharadas de azúcar blanca
- ☒ Una cucharadita de canela
- ☒ Media taza de leche descremada
- ☒ Cuatro claras de huevo

Qué hacer

- ☒ Tome un tazón grande para mezclar.
- ☒ En el tazón, coloque el puré de manzana, el azúcar, la canela, la leche descremada y cuatro claras de huevo y mezcle bien.
- ☒ Una vez que la mezcla se haya mezclado lo suficiente, remoje el pan integral una rebanada a la vez.
- ☒ Engrase ligeramente una sartén y encienda la estufa a fuego medio.
- ☒ Coloque las rodajas de trigo integral empapadas en la sartén y cocine hasta que estén doradas por ambos lados.
- ☒ Saque la tostada francesa de la sartén y colóquela en un lugar.
- ☒ Sirva con cualquier fruta que le gustaría comer en el desayuno.

Muesli de bayas mixtas

Para obtener el resultado más óptimo, comience su muesli de bayas mixtas la noche anterior para permitir que los ingredientes se marinen. Este plato no solo incluye Omega 3 y antioxidantes, también contiene una excelente fuente de fibra; y, sin lugar a dudas, lo mantendrá satisfecho hasta la hora del almuerzo en el trabajo. Esta receta, incluido el tiempo de marinado, tomará de seis a doce horas y producirá cuatro porciones.

Información nutricional

- Calcio: 100 miligramos
- Sodio: 45 miligramos.
- Fibra: 3 gramos
- Proteína: 6 gramos
- Carbohidratos: 27 gramos.
- Grasas saturadas: 1 gramo
- Grasa total: 5 gramos
- Calorías: 170

Qué utilizar

- Un cuarto de taza de nueces tostadas y picadas
- Media taza de arándanos congelados
- Media taza de manzanas picadas
- Media taza de fruta seca, posiblemente dátiles, albaricoques o pasas
- Media taza de leche descremada
- Una pizca de sal
- Una taza de yogurt de frutas
- Una taza de avena enrollada a la antigua

Qué hacer

- Asegúrese de tener un tazón mediano para mezclar.
- Agregue la sal, la leche descremada, el yogur de frutas, las nueces picadas y la avena arrollada al tazón y mezcle bien.
- Coloque la mezcla en un recipiente de plástico, cúbrala y colóquela en el refrigerador durante seis a doce horas, esto espesa la mezcla.
- Por la mañana, retire del refrigerador y agregue la fruta fresca y seca.
- Mezcle suavemente todo junto.

- ☒ Tome una cuchara de helado y sirva cada cucharada en platos pequeños.

Barra de granola casero

Esta receta es perfecta para la persona que siempre está en movimiento. Puede ser una persona de negocios motivada o una estadía en casa donde mamá o papá, necesita asegurarse de que sus hijos obtengan todos los nutrientes necesarios mientras llegan a la escuela a tiempo. Esta barra de granola de la dieta Dash aportará un impulso de energía, pero no incluirá el contenido de azúcar que se encuentra en la versión comprada en la tienda. Esta receta tomará una hora y media y hará seis porciones.

Información nutricional

- ☒ Proteína: 9 gramos
- ☒ Fibra: 2.5 gramos
- ☒ Grasa total: 2.2 gramos
- ☒ Calorías: 180

Que utilizar

- ☒ Una cucharadita de extracto puro de vainilla
- ☒ Media taza de miel
- ☒ Un cuarto de taza de tomillo fresco
- ☒ Media taza de aceite de oliva virgen extra
- ☒ Media taza de semillas de sésamo
- ☒ Una taza de fruta seca: posibles pasas, albaricoques o arándanos
- ☒ Una taza de nueces picadas mezcladas: pueden ser pistachos, nueces, avellanas, almendras, anacardos y nueces
- ☒ Media taza de semillas de girasol tostadas saladas
- ☒ Dos tazas y media de avena arrollada

- ☒ Una pizca de sal

Qué hacer

- ☒ Antes de hacer nada, precaliente el horno a trescientos grados Fahrenheit.
- ☒ Tome su bandeja para hornear y cúbrala con papel pergamino antiadherente.
- ☒ Con un tazón grande, tome las semillas de sésamo, frutos secos, nueces, semillas de girasol y avena y mézclelas.
- ☒ Tome una sartén y cúbrala con aceite de oliva y tomillo y deje que hierva a fuego medio alto.
- ☒ Una vez que el tomillo esté fragante, retírelo del fuego y deje que se infunda con el aceite, probablemente diez minutos. Después de que el aceite y el tomillo se hayan infundido, agregue la sal, el extracto de vainilla y la miel a la mezcla. Una vez combinado, vierta sobre la mezcla en el tazón grande.
- ☒ Extienda la granola sobre la bandeja para hornear de manera uniforme y colóquela en el horno. Hornee por 45-50 minutos. Deje enfriar las barras de granola antes de empacar en un recipiente hermético.

Capítulo 3 - Recetas para el almuerzo con la dieta Dash

Ensalada cítrica

Una ensalada siempre es una buena opción para almorzar. Te llenará, pero no te pesará. Esta mezcla particular es una excelente fuente de vitamina A y C, ácido fólico y potasio. El tiempo de preparación para esta receta es aproximadamente media hora, pero puede acortar ese tiempo usando naranjas y toronjas ya en rodajas. Esta receta producirá cuatro porciones.

Información nutricional

- ☒ Sodio: 11 miligramos
- ☒ Grasa total: 10 gramos
- ☒ Fibra: 3 gramos
- ☒ Carbohidratos: 17 gramos
- ☒ Proteína: 2 gramos
- ☒ Calorías: 166

Qué utilizar

- ☒ Dos cucharadas de piñones
- ☒ Cuatro tazas de verduras de primavera
- ☒ Una cucharada de vinagre balsámico
- ☒ Dos cucharadas de aceite de oliva.
- ☒ Dos cucharadas de jugo de naranja
- ☒ Una toronja roja
- ☒ Dos naranjas

Qué hacer

- ☒ Rebane las naranjas, si aún no están en rodajas, sobre el tazón y deje que el jugo caiga en el tazón; deseche las semillas si es necesario.

- Repita este proceso con la toronja.
- En un segundo tazón, mezcle el jugo de naranja, el aceite de oliva y el vinagre.
- Vierta esta mezcla sobre la fruta y revuelva suavemente.
- Tome las verduras de primavera y sepárelas en tazones de proporciones uniformes.
- Cubra las verduras de primavera con las frutas y el aderezo. Deje que se remoje por un segundo antes de completarlo con los piñones.

Wrap de ensalada con pollo Buffalo

Otra alternativa sólida a la ensalada es wraps saludables y sándwiches. El pollo Buffalo es el favorito de todos, por lo que tiene sentido que sea parte de las recetas de la dieta Dash. Además, esta es una excelente manera de utilizar el pollo sobrante de la noche anterior. Dependiendo de si está usando pollo o sobras nuevas, esta receta debería tomar de 20 a 45 minutos y producirá cuatro porciones.

Información nutricional

- Grasa total: 8 gramos
- Proteína: 31 gramos
- Colesterol: 76 miligramos
- Sodio: 367 miligramos.
- Fibra: 5 gramos
- Carbohidratos: 26 gramos.
- Calorías: 300

Qué utilizar

- Dos tortillas integrales
- Cuatro onzas de espinacas, en rodajas

- Media taza de colinabo en rodajas finas u otro vegetal de raíz
- Una cebolla amarilla pequeña, cortada en cubitos
- Dos zanahorias, cortadas en cubitos
- Un cuarto de taza de mayonesa baja en calorías
- Un cuarto de taza de vinagre de vino blanco
- Dos pimientos chipotle enteros
- Cuatro onzas de pechuga de pollo

Qué hacer

- Si elige no usar las sobras o un pollo asado, precaliente el horno a 375 grados Fahrenheit o encienda la parrilla.
- Freír, asar a la parrilla u hornear el pollo durante diez minutos por cada lado o hasta que esté completamente cocido.
- Coloque el pollo en el mostrador para que se enfríe y luego córtelo en trozos pequeños.
- Con una licuadora, mezcle la mayonesa, el vinagre de vino blanco y los pimientos chipotle y mézclelos para hacer un puré.
- En un tazón grande, vierta el pollo y todos los ingredientes además de las espinacas y las tortillas y mezcle bien.
- Divida las espinacas y la mezcla de manera uniforme en cada tortilla, envuélvalas y córtelas por la mitad antes de servir.

Sloppy Joes

Todos, en un momento u otro, han comido Sloppy Joe. Tanto si te gustan como si no, son parte de una dieta totalmente estadounidense, y su cónyuge, hijos o familiares querrán comerlos de vez en cuando; Entonces, ¿por qué no hacerlos saludables? La dieta Dash tiene una excelente versión reducida en sodio de Sloppy Joes que tomará 30 minutos y preparará seis porciones.

Información nutricional

- ☒ Proteína: 19 gramos
- ☒ Azúcares: 10 gramos
- ☒ Fibra: 4 gramos
- ☒ Carbohidratos: 28 gramos.
- ☒ Sodio: 203 gramos
- ☒ Colesterol: 49 miligramos
- ☒ Grasa total: 9 gramos
- ☒ Calorías: 251

Qué utilizar

- ☒ Tamaño bollos de hamburguesa de trigo integral
- ☒ Una lata y media de sopa de tomate con bajo contenido de sodio: cada taza será de 10.75 onzas
- ☒ Un pimiento verde grande, en rodajas
- ☒ Una cebolla grande, en rodajas
- ☒ Una libra de carne molida magra

Qué hacer

- ☒ Con una sartén antiadherente, fríe la cebolla, el pimiento y la carne molida magra durante unos 10 minutos, o hasta que la carne y las verduras estén cocidas.
- ☒ Drene la grasa de la sartén con cuidado; intente sacarlo todo antes de continuar.
- ☒ Vierta la sopa de tomate sobre la mezcla y revuelva.
- ☒ Una vez que la sopa de tomate comience a hervir, reduzca el fuego y deje hervir a fuego lento durante al menos 10 minutos.

- ☒ Divida la "mezcla" en cada pan integral de manera uniforme y sirva de inmediato.

Pizza Fácil para Dos

La pizza no es una comida promedio a la hora del almuerzo, a menos que esté comiendo una porción en la pizzería local. Sin embargo, si está dispuesto a dedicar el tiempo la noche anterior, esta receta vale la pena. Es fácil y rápido y puede proporcionar dos porciones. Todo lo que necesita son 15-20 minutos la noche anterior, y usted o sus hijos serán la envidia de la cafetería.

Información nutricional

- ☒ Proteína: 8 gramos
- ☒ Azúcares: 8 gramos
- ☒ Fibra: 6 gramos
- ☒ Carbohidratos: 26 gramos.
- ☒ Sodio: 296 miligramos.
- ☒ Colesterol: 1 miligramo
- ☒ Grasa total: 5 gramos
- ☒ Calorías: 163

Qué utilizar

- ☒ Dos cucharadas de albahaca recién cortada
- ☒ Un cuarto de taza de mozzarella descremada baja en grasa
- ☒ Cuatro trozos cortados de pimiento rojo, un cuarto de pulgada de ancho
- ☒ Dos rodajas de cebolla, un cuarto de pulgada de ancho
- ☒ Un pan plano de trigo integral listo para usar, de aproximadamente diez pulgadas de diámetro
- ☒ Media taza de salsa de tomate gruesa baja en sodio

Qué hacer

- Comience precalentando el horno a 350 grados Fahrenheit.
- Con una bandeja de pizza redonda, cúbrala con una capa ligera de aceite en aerosol.
- Coloque el pan plano sobre la bandeja de pizza.
- Abra la lata de salsa de tomate gruesa baja en sodio y extiéndala uniformemente sobre el pan plano.
- Antes de agregar el queso, coloque la albahaca, el pimiento y la cebolla sobre la superficie de la pizza. Luego extiende el queso de manera uniforme sobre la pizza.
- Una vez que se haya preparado la pizza, coloque el molde para pizza dentro del horno y cocínelo durante 5-7 minutos, o hasta que el queso esté dorado.
- Deje que la pizza se enfríe durante 5 minutos antes de servir.

Batido de proteínas con alto contenido calórico

Este batido de proteínas es rico en calorías y seguramente te llenará a la hora del almuerzo. No solo es muy abundante, es rápido de preparar y rápido de beber, lo que le permite aprovechar al máximo su hora de almuerzo. Si desea que tenga aún más calorías, agregue una cucharada de semillas de lino a la receta. Esta receta toma quince minutos y hará una porción.

Información nutricional

- Proteína: 32 gramos
- Azúcar: 53 gramos
- Fibra: 7 gramos
- Carbohidratos: 75 gramos.
- Sodio: 301 miligramos.
- Colesterol: 57 miligramos

- ☒ Grasa total: 20 gramos
- ☒ Calorías: 608

Qué utilizar

- ☒ Dos cucharadas de proteína en polvo
- ☒ Dos cucharadas de germen de trigo
- ☒ Una banana mediana, cortada en trozos
- ☒ Una taza de leche al dos por ciento
- ☒ Una taza de yogurt de vainilla

Qué hacer

- ☒ Tome la proteína en polvo, el germen de trigo, las rodajas de plátano, el dos por ciento de leche y el yogur y colóquelos en una licuadora.
- ☒ Mezcle todo hasta que esté suave o sea de su agrado.
- ☒ Viértalo en cualquier vaso portátil que planee beber y sirva de inmediato.

Capítulo 4 - Recetas de la cena de dieta Dash

Lasaña

La dieta Dash ha recreado este plato favorito italiano con menos sodio, menos grasa, menos calorías, pero con todo el sabor que conoce y ama. Al usar carne molida extra magra y queso bajo en grasa, puede estar a dieta y aún así amar este delicioso plato. Esta receta tomará una hora y 45 minutos y producirá ocho porciones.

Información nutricional

- Azúcares: 6 gramos
- Sodio: 500 miligramos.
- Grasa total: 13 gramos
- Fibra: 3.5 gramos
- Carbohidratos: 42 gramos.
- Colesterol: 44 miligramos
- Proteínas: 33 miligramos
- Calorías: 425

Qué utilizar

- Tres tazas de queso mozzarella rallado bajo en grasa
- Una taza de requesón bajo en grasa
- Tres cuartos de libra de fideos de lasaña cruda
- Tres tazas y media de agua
- Una lata, ocho onzas, de salsa de tomate sin sal
- Una lata, seis onzas, de pasta de tomate sin sal
- Tres cuartos de cucharadita de ajo en polvo
- Tres cuartos de cucharadita de orégano
- Una cucharadita y media de albahaca seca
- Una cebolla, en rodajas
- Una libra de carne molida extra magra

Qué hacer

- ☒ Cubra ligeramente una bandeja para cocinar 10-14 con aceite en aerosol. Además, precaliente el horno a 325 grados Fahrenheit.
- ☒ Ahora, para la salsa, ponga una cacerola grande en la estufa y coloque la carne molida y la cebolla en ella y cocine hasta que la salsa esté dorada.
- ☒ Una vez que estén doradas, escurra la sartén y luego agregue el agua, la salsa de tomate, la pasta de tomate, el ajo en polvo, el orégano y la albahaca y revuelva hasta que hierva. Reduzca el fuego y cocine a fuego lento durante 10 minutos.
- ☒ En la sartén, coloque media taza de la mezcla en el fondo.
- ☒ Encima de la mezcla, coloque una capa de fideos de lasaña cruda y luego agregue otra capa de la mezcla, así como una taza de queso mozzarella y un tercio de una taza de queso cottage.
- ☒ Repita este proceso hasta que todo se haya agotado.
- ☒ Coloque papel de aluminio sobre la lasaña y póngalo en el horno.
- ☒ Hornee la lasaña durante una hora y quince minutos o hasta que el queso esté dorado
- ☒ Deje enfriar la lasaña antes de servir.

Estofado de ternera con hinojo y chalotes

Cuando se trata de sopa, el estofado de carne es una de las sopas más sabrosas que puedes hacer. Abundante tiende a significar pesado, por lo que la dieta rápida ha encontrado una manera de eliminar algunas de las calorías y el sodio, al tiempo que conserva todas las cosas buenas. Esta receta solo te tomará aproximadamente 2 horas y hará hasta 6 porciones de estofado de ternera.

Información nutricional

- ☒ Grasa total: 8 gramos
- ☒ Proteína: 21 gramos
- ☒ Colesterol: 48 miligramos
- ☒ Sodio: 185 miligramos.
- ☒ Fibra: 4,5 gramos
- ☒ Carbohidratos: 22 gramos.
- ☒ Calorías: 244

Qué utilizar

- ☒ Una tercera taza de perejil fresco de hoja plana finamente picado
- ☒ Tres hongos Portobello, limpios y cortados en trozos de una pulgada
- ☒ Dieciocho cebollas pequeñas hirviendo, aproximadamente diez onzas de peso total reducidas a la mitad
- ☒ Cuatro papas grandes de piel roja, peladas y cortadas en trozos de una pulgada
- ☒ Cuatro zanahorias grandes, peladas y en rodajas
- ☒ Tres tazas de caldo de verduras sin sal
- ☒ Una hoja de laurel
- ☒ Dos ramitas frescas de tomillo
- ☒ Tres cuartos de cucharadita de pimienta negra molida
- ☒ Tres chalotes grandes, en rodajas
- ☒ Medio bulbo de hinojo, recortado y en rodajas finas
- ☒ Dos cucharadas de aceite de oliva.
- ☒ Una libra de carne de estofado de res magra deshuesada: corte la grasa y córtela en cubos de media pulgada
- ☒ Tres cucharadas de harina para todo uso

Qué hacer

- ☒ Comience colocando la harina en un lugar y enrolle los cubos de carne en la harina.
- ☒ Luego, usando una cacerola grande, vierta el aceite y caliente a fuego medio.
- ☒ Una vez que la carne esté enharinada, colóquela en la cacerola y cocine hasta que esté dorada por todos lados.
- ☒ Retire la carne y deje cocinar en otro lugar.
- ☒ Sin cambiar la temperatura, coloque los chalotes y el hinojo en la sartén y cocine hasta que estén de color marrón claro.
- ☒ Agregue la hoja laurel, las ramitas de tomillo y una cuarta parte de la pimienta a la mezcla y deje cocinar por un minuto o dos.
- ☒ Ahora, vuelva a agregar la carne a la sartén con el caldo de verduras y hierva la mezcla. Después, reduzca el calor y cúbralo mientras hierve a fuego lento. Déjelo así durante 45 minutos.
- ☒ Una vez que la carne esté tierna, agregue los champiñones, cebollas, papas y zanahorias.
- ☒ Revuelva la mezcla y deje hervir a fuego lento durante otros 30 minutos.
- ☒ Saque la hoja de laurel y las ramitas de tomillo del estofado y agregue el perejil y la pimienta restante.
- ☒ Servir inmediatamente.

Hamburguesa de champiñones Portobello a la parrilla

Una cena común entre los estadounidenses es la buena hamburguesa a la antigua; sin embargo, las hamburguesas pueden ser muy altas en grasas y perjudiciales para la presión arterial. Un hongo Portobello es el sustituto perfecto de la hamburguesa y no tiene grasa ni colesterol. Esta receta de hamburguesas de hongos Portobello solo debe tomar una hora y cuarenta y cinco minutos y producirá cuatro porciones.

Información nutricional

- ☒ Azúcares: 3 gramos
- ☒ Grasa total: 9 gramos
- ☒ Proteína: 10 gramos
- ☒ Colesterol: 0 miligramos
- ☒ Sodio: 163 miligramos
- ☒ Fibra: 7 gramos
- ☒ Carbohidratos: 45 gramos.
- ☒ Calorías: 301

Qué utilizar

- ☒ Dos hojas de lechuga romana, cortadas por la mitad
- ☒ Cuatro rodajas de cebolla roja
- ☒ Cuatro rodajas de tomate
- ☒ Cuatro panecillos integrales tostados
- ☒ Dos cucharadas de aceite de oliva.
- ☒ Un cuarto de cucharadita de pimienta de cayena
- ☒ Un diente de ajo, picado
- ☒ Una cucharada de azúcar
- ☒ Media taza de agua
- ☒ Una tercera taza de vinagre balsámico
- ☒ Cuatro grandes tapas de hongos Portobello, idealmente de cinco pulgadas de diámetro

Qué hacer

- ☒ Los hongos Portobello deben limpiarse y sus tallos deben retirarse y las tapas deben dejarse de lado.

- ☒ Ahora, en un tazón pequeño, el aceite de oliva, la pimienta de cayena, el ajo, el azúcar, el agua y el vinagre se deben mezclar y poner por encima las tapas de los champiñones.
- ☒ Las tapas deben colocarse en un recipiente de plástico, taparse y colocarse en el refrigerador para marinar durante una hora.
- ☒ Encienda la parrilla y cúbrala ligeramente con spray para cocinar, o encienda la estufa y cubra una sartén con la misma sustancia.
- ☒ Fríe o asa los champiñones a fuego medio, asegurándose de voltearlos con frecuencia. Por lo general, tomará cinco minutos en cada lado.
- ☒ Coloque los champiñones en su propio bollo y cubra con media hoja de lechuga, una rodaja de cebolla y una rodaja de tomate.
- ☒ Servir inmediatamente.

Pechugas de Pollo

Ahora que hemos cubierto los Sloppy Joes y las hamburguesas de hongos Portobello, es hora de hablar sobre hot dogs; y, más precisamente, salchichas. Si no ha comprado una buena bratwurst jugosa en un juego de béisbol, entonces se lo está perdiendo. Es por eso que la dieta Dash ha creado una versión mucho más saludable usando pollo en su lugar. Esta receta debería tomar aproximadamente una hora y media y preparará seis porciones.

Información nutricional

- ☒ Azúcares: 0 gramos
- ☒ Grasa total: 4 gramos
- ☒ Proteína: 18 gramos
- ☒ Colesterol: 48 miligramos

- ☒ Sodio: 92 miligramos.
- ☒ Fibra: 2 gramos
- ☒ Carbohidratos: 12 gramos.
- ☒ Calorías: 156

Qué utilizar

- ☒ Una cucharadita de semilla de apio
- ☒ Una cucharadita de semilla de mostaza molida
- ☒ Un cuarto de cucharadita de nuez moscada
- ☒ Una cucharadita de romero fresco picado
- ☒ Media cucharadita de pimienta de cayena
- ☒ Media cucharadita de pimienta blanca
- ☒ Una cucharadita de pimienta negra
- ☒ Una cucharadita de pimentón
- ☒ Una cucharadita de semillas de comino
- ☒ Dos cucharaditas de semillas de hinojo
- ☒ Una libra de pechuga de pollo molida
- ☒ Una taza de arroz integral cocido
- ☒ Media cucharadita de aceite de canola
- ☒ Cuatro dientes de ajo picado
- ☒ Una taza de cebolla amarilla picada

Qué hacer

- ☒ En una sartén, saltee el aceite de canola, el ajo y la cebolla hasta que estén dorados.
- ☒ Coloque la cebolla y el ajo dorados en el arroz cocido y mezcle todas las otras hierbas y especias con la pechuga de pollo molida.
- ☒ Deje marinar la mezcla en la nevera durante aproximadamente una hora.
- ☒ Precaliente el horno a 350 grados Fahrenheit.

- ☒ Retire del refrigerador y enrolle la mezcla en forma de salchicha y colóquela en una bandeja para cocinar.
- ☒ Hornee en el horno durante unos 5-10 minutos, o hasta que esté cocido.
- ☒ Deje enfriar las salchichas antes de servir

Filete de Lomo de Cerdo Asiático

Para los amantes de la comida asiática, saben que mucha de la comida está empapada en sodio; por lo tanto, la dieta Dash recomienda no acercarse a ella. Pero, afortunadamente para usted, la dieta Dash ha tomado en cuenta sus deseos y ha creado este delicioso Filete de Lomo al estilo asiático solo para usted. La mejor parte de este plato es que solo lleva cuarenta y cinco minutos cocinarlo y le proporcionará cuatro porciones, por lo que es ideal para una fiesta o una cena.

Información nutricional

- ☒ Azúcares: 0 gramos
- ☒ Grasa total: 16 gramos
- ☒ Proteínas: 26 gramos
- ☒ Colesterol: 61 miligramos
- ☒ Sodio: 57 miligramos
- ☒ Fibra: 0 gramos
- ☒ Carbohidratos: un rastro
- ☒ Calorías: 248

Qué utilizar

- ☒ Una libra de lomo de cerdo, cortado en cuatro porciones iguales
- ☒ Una cucharada de aceite de semilla de sésamo
- ☒ Una octava parte de una cucharadita de canela molida
- ☒ Un cuarto de cucharadita de comino molido

- ☒ La mitad de una cucharadita de semillas de apio
- ☒ Una octava parte de una cucharadita de pimienta de cayena
- ☒ Una cucharadita de cilantro molido
- ☒ Dos cucharadas de semillas de sésamo

Qué hacer

- ☒ Precaliente el horno a cuatrocientos grados Fahrenheit.
- ☒ Mientras el horno se precalienta, engrase una bandeja para hornear con aceite en aerosol.
- ☒ Saque una sartén y fría a fuego lento las semillas de sésamo mientras revuelve bien.
- ☒ Después de uno o dos minutos, o cuando las semillas de sésamo estén doradas, retire las semillas del fuego y póngalas a un lado.
- ☒ En un tazón grande, coloque las semillas de sésamo tostadas, el aceite de semilla de sésamo, la canela, el comino, la semilla de apio, la pimienta de cayena y el cilantro en el interior y revuelva hasta que se mezcle uniformemente.
- ☒ Usando la fuente para hornear preparada, coloque el Filete de Lomo encima y separe de manera uniforme.
- ☒ Use un cepillo para untar el Filete de lomo, en ambos lados, con la mezcla.
- ☒ Coloque la bandeja para hornear dentro del horno y deje hornear durante unos quince minutos o hasta que ya no estén rosados. Saque el Filete de lomo y sírvalo con una guarnición de inmediato.

Chile de pollo blanco

El chile es otro plato favorito que a menudo sale con demasiado sodio. Si le encanta el chile, pero no quiere comerlo con todo ese sodio, intente hacer esta increíble receta de la dieta Dash. Satisfará ese deseo sin toda la sal. Esta receta dura cuarenta y cinco minutos y le proporcionará ocho porciones.

Información nutricional

- ☒ Proteína: 19 gramos
- ☒ Azúcar total: 4 gramos
- ☒ Fibra: 6 gramos
- ☒ Carbohidratos: 25 carneros
- ☒ Sodio: 241 miligramos.
- ☒ Colesterol: 27 miligramos
- ☒ Grasa total: 4 gramos
- ☒ Calorías: 212

Qué utilizar

- ☒ Tres cucharadas de cilantro picado
- ☒ Ocho cucharadas de queso rallado Monterey Jack
- ☒ Una cucharadita de pimienta de cayena
- ☒ Una cucharadita de orégano seco
- ☒ Una cucharadita de comino molido
- ☒ Dos cucharaditas de chile en polvo
- ☒ Dos dientes de ajo picados
- ☒ Un pimiento rojo mediano, en rodajas
- ☒ La mitad de un pimiento verde mediano, en rodajas
- ☒ Cuatro tazas de caldo de pollo bajo en sodio
- ☒ Una lata de tomates picados bajos en sodio
- ☒ Dos latas de frijoles blancos bajos en sodio
- ☒ Una lata de pollo blanco

Qué hacer

- ☒ Tome una olla grande y coloque el caldo de pollo, los tomates y el pollo dentro.
- ☒ Lleve la mezcla a ebullición y luego cúbrala para que hierva a fuego lento.
- ☒ Mientras la mezcla hierve a fuego lento, tome una sartén antiadherente, cúbrala con aceite en aerosol y agregue el ajo, los pimientos y las cebollas.
- ☒ Freír las verduras hasta que estén doradas o de su agrado.
- ☒ Agregue el contenido de la sartén a la olla.
- ☒ Agregue la pimienta de cayena, el orégano, el comino y el chile en polvo y cubra la mezcla nuevamente.
- ☒ Eleve el fuego a medio y deje hervir a fuego lento durante unos diez minutos más.
- ☒ Sirva el chile en tazones y sirva de inmediato.
- ☒ Use cilantro solo como guarnición.

Capítulo 5 - Recetas para postre con la dieta Dash

Pastel de Chocolate con Tofu

El pastel de chocolate representa casi el 90 por ciento de todos los menús de postres, por lo que la dieta Dash tenía que tener una resolución para todas esas calorías. Ahora, el tofu y el chocolate pueden sonar extraños, pero son mucho más saludables y el sabor hablará por sí solo. Esta receta solo debe tomar una hora y media y proporciona 16 porciones.

Información nutricional

- ☒ Proteína: 2.9 gramos
- ☒ Carbohidratos: 35.8 gramos
- ☒ Sodio: 267.3 miligramos
- ☒ Colesterol: 0 miligramos
- ☒ Calorías: 190

Qué utilizar

- ☒ Un cuarto de taza de agua
- ☒ Un bloque de 300 gramos de postre suave tofu
- ☒ Una caja de mezcla de pastel de chocolate súper húmeda

Qué hacer

- ☒ Precaliente el horno a 400 grados Fahrenheit.
- ☒ Usando una licuadora, mezcle el tofu y la mezcla para pastel.
- ☒ Una vez que estos dos se hayan mezclado lo suficiente, agregue el agua y mezcle nuevamente hasta que quede suave.

- ☒ Tome la mezcla y viértala en una fuente para horno. Esta mezcla también puede hacer magdalenas.
- ☒ Cocine la mezcla según las especificaciones de la caja de mezcla del pastel de chocolate.
- ☒ Deje enfriar el pastel antes de servir.

Tarta de queso con arándanos, baja en grasa y sin azúcar

Luego del pastel de chocolate, el pastel de queso es el otro gran no-no cuando las personas comienzan una dieta. La dieta Dash ha hecho todo lo posible para que cada tipo de alimento esté disponible para sus usos y el pastel de queso sí que figure en la lista. Esta es una receta maravillosa de tarta de arándanos sin azúcar y baja en grasa que te tomará 3 horas y hará ocho porciones.

Información nutricional

- ☒ Proteína: 5.6 gramos
- ☒ Fibra: 1,4 gramos
- ☒ Carbohidratos: 34.9 gramos
- ☒ Sodio: 531.8 miligramos
- ☒ Colesterol: 2.4 miligramos
- ☒ Grasa total: 7.2 gramos
- ☒ Calorías: 346,2

Qué utilizar

- ☒ Dos tazas de arándanos: también puede ser cualquier fruta que desee en su tarta de queso
- ☒ Dos tazas de leche descremada
- ☒ Dos paquetes de mezcla para budín de pastel de queso sin azúcar y sin grasa
- ☒ Un contenedor de cubierta de postre, batido sin grasa
- ☒ Una cáscara de pastel de galleta Graham

Qué hacer

- ☒ Tome un tazón grande y vierta ambas cajas de mezcla de budín de tarta de queso sin grasa en el tazón.
- ☒ Tome las dos tazas de leche descremada y mézclelas hasta obtener una sustancia suave.
- ☒ Tome la mitad de la mezcla y viértala en el molde para pastel de galletas Graham.
- ☒ Tome la mitad de los arándanos, o cualquier fruta que elija, y extiéndala alrededor de la mezcla de budín. Asegúrsese de presionar la fruta en ella.
- ☒ Vierta el resto de la mezcla sobre la fruta y extiéndala uniformemente.
- ☒ Tome el resto de los arándanos y espolvoree encima del pastel.
- ☒ Refrigere el pastel por dos horas o hasta que se haya solidificado. Puede servir inmediatamente después.

Brownies de refrescos de dieta

Otro clásico absoluto de los postres son los brownies. Ya sea para una cena, horneado navideño o simplemente un bocadillo dulce en la casa, los brownies seguramente serán un éxito. Estos brownies de refresco de dieta solo toman 25 minutos, hacen 12 porciones, y son fáciles, baratos y mucho mejores para usted que los brownies normales.

Información nutricional

- ☒ Proteína: 1.3 gramos
- ☒ Fibra: 0 gramos
- ☒ Carbohidratos: 138.3 miligramos
- ☒ Sodio: 138.3 miligramos
- ☒ Colesterol: 0 miligramos
- ☒ Grasa total: 1.8 gramos

- ☒ Calorías: 114

Qué utilizar

- ☒ Media lata de su refresco dietético favorito
- ☒ Una caja de mezcla de brownie comprada en la tienda

Qué hacer

- ☒ Precaliente el horno a 350 grados Fahrenheit.
- ☒ En lugar de usar el agua, el aceite y los huevos que normalmente se usan para hacer brownies, vierta la mitad de la lata de su refresco favorito en un tazón para mezclar.
- ☒ Luego, agregue la caja de mezcla de brownie al tazón.
- ☒ Antes de colocar la mezcla en una bandeja para hornear, engrase primero el molde.
- ☒ Coloque la mezcla en la bandeja para hornear y luego cocine durante veinte minutos.
- ☒ Dejar enfriar antes de servir.

Mini Bocaditos De Calabaza

Para todos los amantes de la calabaza, este postre es para ustedes. Pero, incluso si no les gustan las especias de calabaza, esta receta es una excelente alternativa al pastel de calabaza en Acción de Gracias. Los niños de la familia adorarán los bocados rápidos en lugar de los pedazos de pastel. Esta receta tomará alrededor de dos horas y creará 65 porciones.

Información nutricional

- ☒ Proteína: .2 gramos
- ☒ Fibra: 3,3 gramos
- ☒ Carbohidratos: 3.3 gramos
- ☒ Sodio: 16.9 miligramos

- ☒ Colesterol: 0 miligramos
- ☒ Calorías: 17.4

Qué utilizar

- ☒ Sesenta y cinco obleas de vainilla reducidas en grasa
- ☒ Pizca de jengibre molido
- ☒ Un palito de clavo molido
- ☒ Una octava parte de una cucharadita de canela
- ☒ Dos porciones de budín de vainilla sin grasa
- ☒ Media taza de postre batido sin grasa
- ☒ Media taza de calabaza enlatada

Qué hacer

- ☒ Tome las especias, la calabaza enlatada y el budín de vainilla y mezcle todo bien en un tazón.
- ☒ Tome el postre batido y mézclelo en la mezcla.
- ☒ Coloque la mezcla en una bolsa de plástico y apriétela para que llene el fondo de la bolsa. Luego, sujete una de las esquinas de la bolsa para verterla fácilmente.
- ☒ Coloque las obleas en una bandeja para galletas y exprima la mezcla de manera uniforme en cada oblea.
- ☒ Deje enfriar las obleas en el refrigerador durante una hora y media o hasta que estén sólidas.
- ☒ Puedes servir de inmediato.

¡Quiero felicitarle por llegar al final del libro de cocina completo de la dieta Dash!

Libro de Cocina de Superalimentos En español/ Superfood Cookbook In Spanish

Recetas de Superalimentos Deliciosos y Saludables para comer limpio

Introducción

Felicitaciones por comprar *El Libro de Cocina de Superalimentos* y gracias por hacerlo.

Los siguientes capítulos analizarán todas las recetas que puede preparar en menos de una hora. El objetivo de este libro es educarlo sobre los beneficios de incorporar más superalimentos. Cuando come alimentos, es lo mejor que puede hacer para que su cuerpo ingiera el combustible más nutritivo posible.

Hay muchos libros sobre este tema en el mercado, ¡gracias de nuevo por elegir este! Se hizo todo lo posible para garantizar que esté lleno de tanta información útil como sea posible, ¡por favor disfrute!

Los superalimentos se definen como alimentos ricos en nutrientes con grandes cantidades de vitaminas y minerales. Estos alimentos nos ayudan a ser saludables y a vivir vidas más largas, ricas y llenas. Las personas de todas las etapas de la vida pueden beneficiarse del consumo de estos alimentos súper saludables. Ya sea que esté embarazada, sea una niña, sea mayor de 50 años o simplemente necesite un aumento de energía adicional, todos necesitan vitaminas adicionales.

Si está embarazada, algunos superalimentos que son extremadamente beneficiosos son:

- huevos
- bayas
- yogur
- granos integrales
- batatas

- legumbres
- brócoli
- mariscos

Si tiene más de 50 años, los superalimentos que pueden ser beneficiosos son:

- salmón
- naranjas
- brócoli
- hojas verdes oscuras

Si tiene hijos, los mejores superalimentos para que consuman son:

- bayas
- mariscos
- semillas
- hojas verdes
- mantequillas y nueces
- vegetales y frutas de color naranja
- granos integrales
- yogur
- avena

Quizás es un adulto perfectamente saludable que solo necesita energía extra para la rutina diaria. Aquí hay algunos alimentos para que pruebe, además del café:

- avena
- quinoa
- arándanos
- salmón
- aguacates

- bayas de goji
- almendras
- lentejas
- Col Rizada

Cada receta en este libro es saludable y deliciosa. No importa qué tipo de forma tenga su salud, estas recetas son para usted.

Como una forma de decir gracias por comprar mi libro, use su enlace a continuación para reclamar sus 3 libros de cocina GRATIS sobre salud, estado físico y dieta al instante

https://bit.ly/2Lvj2Pm

¡También puede compartir su enlace con sus amigos y familiares a quienes cree que pueden beneficiarse de los libros de cocina o puede enviarles el enlace como un regalo!

Capítulo 1: Recetas para el Desayuno

Batido Potente

Ingredientes:

- ☒ Semillas de chía (1 cucharada)
- ☒ Mantequilla De Almendras (1 Cucharada)
- ☒ Aceite de coco (1 cucharada)
- ☒ Leche a base de plantas (1 taza)
- ☒ Col Rizada (1.5 tazas, envasadas)
- ☒ Plátano (.5 de uno)

Preparación:

- ☒ Licúe todos los ingredientes hasta que quede suave en una licuadora de alta velocidad.

Croquetas de Batatas

Ingredientes:

- ☒ Sal y pimienta
- ☒ Perejil (para decoración)
- ☒ Comino (.5 cucharadita)
- ☒ Aceite de oliva (2 cucharadas)
- ☒ Huevos (4 grandes)
- ☒ Pimientos rojo y amarillo (.5 de cada uno, picado)
- ☒ Cebolla (1 mediana, picada)
- ☒ Batatas (2 tazas, sin cocinar)

Preparación:

- ☒ Pon el horno a asar.

- ☒ Use una sartén apta para horno para calentar el aceite de oliva. Una vez caliente, agregue las cebollas y las batatas.
- ☒ Cocine por aproximadamente siete minutos. Agregue los pimientos y especias.
- ☒ Cocine durante cinco a siete minutos adicionales, revolviendo ocasionalmente.
- ☒ Proceda a romper los huevos sobre la mezcla de picadillo, y luego coloque la sartén en el horno en la rejilla central debajo del asador.
- ☒ Cocine hasta que los huevos estén como le gusta.
- ☒ Servir con perejil.

Tostadas de Batatas

Ingredientes:

- ☒ Salsa picante de "Frank's" (.5 cucharadita)
- ☒ Cebollín (.5 cucharadita)
- ☒ Huevo (1 grande, escalfado o frito)
- ☒ Espinacas (.33 tazas de espinacas, cocidas)
- ☒ Batata (1 grande, en rodajas .25 pulgadas de espesor)

Preparación:

- ☒ Tostar una rodaja de batata en una tostadora o en el horno hasta que apenas se dore, aproximadamente 13 minutos.
- ☒ Cubra con huevo, espinacas, cebollín y salsa picante.

Batido de Bayas y Kéfir

Ingredientes:

- ☒ Extracto de vainilla (.5 cucharadita)
- ☒ Mantequilla de Almendras (2 cucharaditas)
- ☒ Plátano (.5 de uno, maduro)
- ☒ Bayas (1.5 tazas, mixtas o individuales, congeladas)
- ☒ Kéfir (1 taza, normal)

Preparación:

- ☒ Combina todos los ingredientes en una licuadora.
- ☒ Mezclar hasta que esté suave.

Avena con Arándanos durante la noche

Ingredientes:

- ☒ Jarabe de arce (2 cucharaditas)
- ☒ Pecanas (1 cucharada picada)
- ☒ Yogurt (2 cucharadas)
- ☒ Arándanos (.5 tazas, congelados o frescos)
- ☒ Sal (pizca)
- ☒ Agua (.5 taza)
- ☒ Avena tradicional (.5 taza)

Preparación:

- ☒ Coloque la avena, el agua y la sal en la jarra.
- ☒ Cubra y refrigere durante la noche.
- ☒ Por la mañana, cubra con los ingredientes restantes.

Quiches con Batata

Ingredientes:

- ☒ Leche (.5 tazas, de origen vegetal)
- ☒ Huevos (6, grandes)
- ☒ Queso (1 taza, rallado)
- ☒ Pimiento (.5, rojo, picado)
- ☒ Aceite de aguacate (1 cucharada)
- ☒ Batata (1.5 tazas, peladas y ralladas)

Preparación:

- ☒ Precaliente el horno a 350 grados Fahrenheit. Use un spray de cocina o aceite de canola para cubrir una lata de magdalenas.
- ☒ Coloque la batata y revuelva en aceite en un tazón. Divida la mezcla en partes iguales entre los moldes para magdalenas. Presione hacia abajo las partes inferiores y laterales para formar la corteza.
- ☒ Divida los trozos de pimiento y luego espolvoree con queso.
- ☒ En una taza o tazón para medir, mezcle la leche, los huevos, la sal y la pimienta. Proceda a dividir la mezcla en todos los moldes para magdalenas.
- ☒ Hornee por aproximadamente 25 minutos.
- ☒ Retire los quiches con un cuchillo y raspe por todos los lados mientras todavía están recién salidos del horno.

Budín de Chía y Arándanos

Ingredientes:

- Almendras (1 cucharada de astillas)
- Arándanos (.5 taza, congelados o frescos)
- Extracto de Almendra (.125 cucharadita)
- Jarabe de arce (2 cucharaditas)
- Semillas de chía (2 cucharadas)
- Leche (.5 taza, de origen vegetal)

Preparación:

- Combine la leche, las semillas de chía, el jarabe y el extracto de almendras en un arco.
- Cubra y enfríe durante ocho horas, o hasta tres días.
- Cuando esté listo para comer, agregue arándanos y almendras.

Batido de Cereza y Avena

Ingredientes:

- Cubitos de hielo (.5 taza, pequeño)
- Miel (1 cucharada)
- Cerezas negras (.5 taza, congeladas o frescas)
- Fresas (.75 tazas, frescas o congeladas)
- Leche (.5 taza, de origen vegetal)
- Avena (.33 taza, rápida, hojuelas)

Preparación:

- En un tazón apto para microondas, combine la avena y el agua y agregue la mitad de la leche.

- ☒ Pulse el Microondas durante 40 segundos, o hasta que la avena esté tierna. Deje enfriar por un par de minutos.
- ☒ En una licuadora, combine la avena que colocó en el microondas junto con el resto de los ingredientes, excepto la miel.
- ☒ Mezclar hasta que esté suave. Agregue el hielo, mezcle hasta que esté suave nuevamente.

Tostadas de Batatas con Chocolate y Plátano

Ingredientes:

- ☒ Cereal (1 cucharadita, crujiente)
- ☒ Plátano (1, cortado por la mitad, longitudinalmente)
- ☒ Crema de Chocolate y Avellanas (1 cucharada)
- ☒ Batata (1, cortada en rodajas de .25 pulgadas)

Preparación:

- ☒ Tueste la batata en una tostadora u horno hasta que esté apenas cocida y dorada. Esto llevará unos 13 minutos.
- ☒ Una vez fuera del horno, cubra con la salsa, plátano y cereal.

Pudín de Chocolate y Chía

Ingredientes:

- ☒ Almendras (1 cucharada, en rodajas)
- ☒ Semillas de chía (2 cucharadas)
- ☒ Frambuesas (.5 taza, frescas o congeladas)
- ☒ Extracto de vainilla (.25 cucharadita)
- ☒ Cacao (.5 cucharadita, cruda)

- ☒ Jarabe de arce (2 cucharadas)
- ☒ Leche (.5 taza, de origen vegetal)

Preparación:

- ☒ Combine la leche, las semillas de chía, el cacao, el jarabe de arce y la vainilla en un tazón.
- ☒ Cubra y enfríe en el refrigerador por al menos ocho horas hasta tres días.
- ☒ Cuando esté listo para comer, cubra el pudín con frambuesas y almendras.

Avena de Chía y Quinoa

Ingredientes:

- ☒ Sal (.75 cucharadita)
- ☒ Canela (1 cucharadita)
- ☒ Semillas de chía o cáñamo (.5 taza)
- ☒ Fruta (1 taza, pasas o arándanos secos)
- ☒ Quinoa (1 taza, cualquier variedad)
- ☒ Avena (2 tazas, pasada de moda, enrollada)

Preparación:

- ☒ Para hacer la mezcla seca: Tire todos los ingredientes en un recipiente hermético.
- ☒ Para preparar una porción del cereal caliente: Agregue 1.25 tazas de leche o agua a 0.33 taza de mezcla de avena en una cacerola. Llevar la mezcla a ebullición.
- ☒ Parcialmente cubierto, reduzca el calor a bajo y cocine a fuego lento. Revuelva la mezcla ocasionalmente hasta que espese durante unos 12 minutos.

- ⊠ Apague la estufa y deje que la mezcla descanse durante cinco minutos mientras está cubierta.

Batido de Mantequilla de Maní y Manzana

Ingredientes:

- ⊠ Cubitos de hielo (5)
- ⊠ Canela (.25 cucharadita molida)
- ⊠ Extracto de vainilla (1 cucharadita)
- ⊠ Miel (2 cucharaditas)
- ⊠ Mantequilla de maní (2 cucharadas)
- ⊠ Manzana (1, pequeña, picada)
- ⊠ Leche (1 taza, de origen vegetal)

Preparación:

- ⊠ Coloque todos los ingredientes en una licuadora.
- ⊠ Mezclar hasta que esté suave.

Budín de Chía con Mango y Coco

Ingredientes:

- ⊠ Coco (1 cucharada, rallada)
- ⊠ Mango (.5 taza, cortado en cubitos, fresco o congelado)
- ⊠ Extracto de coco (.5 cucharadita)
- ⊠ Jarabe de arce (2 cucharaditas)
- ⊠ Semillas de chía (2 cucharadas)
- ⊠ Leche (.5 taza, de origen vegetal)

Preparación:

- ☒ Combine la leche, las semillas de chía, el jarabe de arce y el extracto de coco en un tazón.
- ☒ Cubra el tazón y enfríe de ocho horas a tres días.
- ☒ Cuando esté listo para comer, cubra con mango y coco.

Batido de Coliflor y Bayas

Ingredientes:

- ☒ Leche (2 tazas, sin azúcar de origen vegetal)
- ☒ Jarabe de arce (2 cucharaditas)
- ☒ Plátano (1 taza, picado)
- ☒ Bayas (.5 taza, mezcladas, congeladas)
- ☒ Coliflor (1 taza, rizada)

Preparación

- ☒ Coloque todos los ingredientes en una licuadora.
- ☒ Licúe hasta que esté suave, unos tres minutos.

Tazón de Manzana, Canela y Quinoa

Ingredientes:

- ☒ Miel (.5 cucharadita)
- ☒ Almendras (4 cucharaditas en rodajas)
- ☒ Sal (.125 cucharaditas)
- ☒ Canela (.25 cucharadita molida)
- ☒ Quinoa (.25 taza, cualquier variedad)
- ☒ Manzana (.66 taza, cortada en cubitos)
- ☒ Leche (.75 taza, a base de plantas)

Preparación:

- Combine la leche, 0.33 taza de manzana, quinoa, canela y sal en una cacerola.
- Llevar a ebullición y luego hervir a fuego lento. Cubra hasta que el líquido se absorba aproximadamente 11-12 minutos.
- Retire del fuego y dejar reposar durante unos cinco minutos.
- Cubra con los ingredientes restantes.

Avena Poder-Floral

Ingredientes:

- Frambuesa (1)
- Arándanos (15)
- Mango (5, rodajas)
- Jarabe de arce (1 cucharadita)
- Avena (.5 taza, pasada de moda, enrollada)
- Leche (1 taza, no láctea)

Preparación:

- Ponga la avena en una cacerola junto con la leche. Hervir la avena a fuego medio-alto.
- Cocine a fuego lento y revuelva a menudo durante aproximadamente cinco minutos hasta que espese.
- Añadir jarabe de arce.
- Ponga la avena en un tazón y luego use el resto de los ingredientes para hacer una flor.

Cereal Frío con Bayas

Ingredientes:

- Leche (.75 taza, a base de plantas)
- Bayas de Goji (.125 taza)
- Fresas (.125 tazas, congeladas o frescas)
- Cheerios (1 taza)

Preparación:

- Combine todos los ingredientes en un tazón.
- ¡Disfrute!

Ensalada de Sandía

Ingredientes:

- Semillas de chía (1 cucharada)
- Coco (.25 taza, rallado)
- Arándanos (.5 taza, congelados o frescos)
- Sandía (1 taza, cortada en cubitos)
- Zumo de Lima (chorrito)

Preparación:

- Mezcle todos los ingredientes en un tazón.
- Cubra con un poco de jugo de lima.

Capítulo 2: Recetas para el Almuerzo

Atún y Aguacate en Tostadas de Batatas

Ingredientes:

- ☒ Semillas de sésamo (.125 cucharadita, tostadas)
- ☒ Nori (.5 cucharadita, en rodajas)
- ☒ Atún (1 cucharada, en hojuelas o desmenuzado)
- ☒ Jengibre (1 cucharada, en escabeche, picado)
- ☒ Zanahoria (1 cucharada, en juliana)
- ☒ Aguacate (.25 de uno, puré)
- ☒ Batata (1 rebanada, .25 pulgadas de grosor)

Preparación:

- ☒ Tostar la rodaja de batata durante al menos 12 minutos o hasta que esté ligeramente dorada y bien cocida.
- ☒ Cubra con los ingredientes restantes.

Espagueti de Calabaza con Tomate y Pesto de Almendras

Ingredientes:

Pesto de Almendras

- ☒ Agua (.25 taza)
- ☒ Aceite de Oliva (.25 taza, Virgen Extra)
- ☒ Sal (pizca)
- ☒ Pimiento (pizca)
- ☒ Vinagre (1.5 cucharadas, vino tinto)

- Ajo (1 diente)
- Almendras (.33 taza, crudas)
- Queso parmesano (.5 taza, rallado)
- Perejil (1 taza, fresco)
- Albahaca (2 tazas, fresca)

Espagueti de Calabaza con otros vegetales:

- Frijoles Cannellini (1 taza, enjuagados y escurridos)
- Pimiento (pizca)
- Sal (pizca)
- Tomates Uva (2 pintas, cortados por la mitad)
- Agua (.25 taza)
- Calabaza de espagueti (1, 3 libras)

Preparación:

Para hacer el Pesto:

- Pulse la albahaca, el perejil, el parmesano, el ajo, las almendras, la pimienta y la sal en un procesador de alimentos hasta que estén picados.
- Agregue el aceite de oliva y luego mezcle hasta que esté bien combinado.
- Agregue agua, pulse para mezclar bien.

Para preparar los vegetales:

- Precaliente el horno a 400 grados Fahrenheit.
- Coloque un papel de aluminio en una bandeja para hornear.

- ☒ Corte la calabaza por la mitad y longitudinalmente antes de sacar las semillas. Coloque el lado abierto hacia abajo en un plato apto para microondas con agua.
- ☒ Caliente en el microondas durante unos 15 minutos o hasta que la carne se pueda raspar con un tenedor.
- ☒ Mezcle los tomates en aceite, pimienta y sal en un tazón. Moverlos a la bandeja para hornear y asar durante 10-11 minutos hasta que estén arrugadas y suaves.
- ☒ Retire del horno, agregue los frijoles y revuelva.
- ☒ Raspe la carne de calabaza en un tazón y cubra con la mezcla de tomate y frijoles, junto con el pesto.

Bol de Quinoa y Garbanzos

Ingredientes:

- ☒ Perejil (2 cucharadas picadas)
- ☒ Queso Feta (.25 taza, desmenuzado)
- ☒ Pepino (1 taza, cortado en cubitos)
- ☒ Garbanzos (1 lata de 15 onzas, enjuagada y escurrida)
- ☒ Cebolla (.25 taza, roja, finamente picada)
- ☒ Aceitunas Kalamata (.25 taza, picada)
- ☒ Quinoa (2 tazas, cocinada)
- ☒ Comino (.5 cucharadita)
- ☒ Pimentón (1 cucharadita)
- ☒ Ajo (1 diente)
- ☒ Aceite de oliva (4 cucharadas, virgen extra)
- ☒ Almendras (.25 taza, en rodajas)
- ☒ Pimientos (1 frasco, pequeño, enjuagado)

Preparación:

- ☒ Eche pimientos, almendras, la mitad de aceite de oliva, ajo y comino en un procesador de alimentos. Procesar hasta que quede suave.
- ☒ Mezcle la quinoa, las aceitunas, la cebolla y la otra mitad del aceite de oliva en un tazón.
- ☒ Para servir, divida en tazones, cubra con garbanzos, queso feta y perejil.

Ensalada de Farro, Col Rizada y Calabaza

Ingredientes:

Farro

- ☒ Sal (pizca)
- ☒ Agua (1.5 tazas)
- ☒ Farro (.75 taza)

Calabaza

- ☒ Pimiento (pizca)
- ☒ Sal (pizca)
- ☒ Aceite de oliva (1 cucharada, virgen extra)
- ☒ calabaza moscada (4 tazas, cubos de .5 pulgadas)

Col Rizada

- ☒ Ajo (3 dientes, picados)
- ☒ Vinagre (5 cucharadas, vino tinto)
- ☒ Aceite de oliva (7 cucharadas, virgen extra)
- ☒ Pepitas de calabaza (.25 taza, tostadas)
- ☒ Queso feta (.5 taza, desmenuzado)
- ☒ Sal (pizca

- ☒ Pimienta (pizca)
- ☒ Mostaza (1 cucharada, Dijon)
- ☒ Agua (1.25 tazas)
- ☒ Col Rizada (8 onzas)

Preparación:

- ☒ Precaliente el horno a 425 grados Fahrenheit. Use aceite de cocina para cubrir una bandeja para hornear.
- ☒ Para hacer el Farro: tueste el Farro hasta que esté fragante o durante aproximadamente dos minutos a fuego medio en una cacerola.
- ☒ Agrega sal y agua. Hervir.
- ☒ Durante 30 minutos, cubra y cocine a fuego lento el Farro. Escurrir, luego esponjar con un tenedor.
- ☒ Para hacer la calabaza: Coloque la calabaza junto con sal, pimienta y aceite.
- ☒ Extienda la calabaza en una bandeja para hornear y ase por unos 25 minutos.
- ☒ Para hacer la col rizada: Mezcle seis cucharadas de aceite de oliva, mostaza, vinagre, pimienta y sal. Corte los tallos de la col rizada y luego corte las hojas en tiras.
- ☒ Agregue al tazón y mezcle bien el aderezo con la col rizada.
- ☒ A fuego medio, caliente el último aceite en una sartén. Agregue tallos de col rizada, así como sal y pimienta.
- ☒ Ocasionalmente revuelva durante uno o dos minutos hasta que esté ligeramente carbonizado.
- ☒ Agregue .25 taza de agua, cubra, luego cocine por dos minutos.
- ☒ Repita cuatro o cinco veces.
- ☒ Transfiera los tallos a la tabla de cortar, córtelos en trozos.
- ☒ Reúna todos los ingredientes juntos.

Ensalada de Lentejas y Vegetales

Ingredientes:

- Col Rizada (2 tazas, en rodajas finas)
- Lechuga (8 tazas)
- Ajo (1 diente, en cuartos)
- Miso blanco (1.5 cucharaditas)
- Jugo de limón (1 cucharada)
- Suero de mantequilla (.25 taza)
- Mayonesa (.33 taza)
- Estragón (.5 taza, fresco, picado)
- Cebollín (.5 taza, fresco, picado)
- Perejil (.5 taza, fresco, picado)
- Lentejas (.75 taza, verde)
- Pimienta (pizca)
- Sal (pizca)
- Aceite de oliva (1 cucharada, virgen extra)
- Judías Verdes (2 tazas)
- Brócoli (4 tazas, floretes)

Preparación:

- Precaliente el horno a 400 grados Fahrenheit
- Combine las judías verdes, el brócoli, el aceite, la sal y la pimienta en una bandeja para hornear galletas.
- Ase por unos 20 minutos, revolviendo una vez.
- Hervir las lentejas y el agua a fuego alto. Cocine a fuego lento, cubra y luego cocine durante unos 25 minutos hasta que estén tiernos.
- Enjuague y drene.

- ☒ Mezcle las hierbas, mayonesa, suero de leche, jugo de limón, miso, sal, ajo y pimienta en un procesador de alimentos o licuadora hasta que quede suave.
- ☒ Mezcle la lechuga con el aderezo, las verduras y las lentejas.

Wrap de Frijoles Blancos y Atún

Ingredientes:

- ☒ Zanahorias (palitos)
- ☒ Pepino (palitos)
- ☒ Wraps de tortilla (6)
- ☒ Perejil (.25 taza, picado)
- ☒ Tomates (1 taza, cereza, en rodajas)
- ☒ Atún (2 latas de 6 onzas, lisas, en hojuelas o desmenuzado)
- ☒ Frijoles Cannellini (2 latas de 15 onzas, enjuagadas, escurridas, en puré)
- ☒ Aceite de oliva (2 cucharadas, virgen extra)
- ☒ Pimienta (pizca)
- ☒ Sal (pizca)
- ☒ Cebolla (3 cucharadas, picadas)
- ☒ Jugo de limón (2 cucharadas)

Preparación:

- ☒ Batir la cebolla, el aceite de oliva, el jugo de limón, la sal y la pimienta en un tazón pequeño.
- ☒ Ponga frijoles, tomates, atún y perejil en un tazón. Mezclar en el aderezo.
- ☒ Ponga 0.75 tazas de mezcla de frijoles en cada tortilla.

Sopa de Pollo y Minestrone

Ingredientes:

- ☒ Pasta (1 taza, cocida, pequeña variedad)
- ☒ Pollo (1 libra, cortado en porciones pequeñas)
- ☒ Tomates (1 lata, en cubitos)
- ☒ Frijoles Cannellini (1 lata de 15 onzas, enjuagada y escurrida)
- ☒ Verduras (1 libra, italiano, congelado)
- ☒ Caldo de pollo (1 contenedor)
- ☒ Condimento italiano (.25 cucharadita)
- ☒ Ajo (2 dientes, picados)
- ☒ Aceite de oliva (2 cucharadas, virgen extra)

Preparación:

- ☒ A fuego medio, caliente el aceite en una cacerola grande. Agregue el ajo y el condimento italiano.
- ☒ Cocine durante 30 segundos y luego agregue el caldo, las verduras, los frijoles y los tomates.
- ☒ Hervir a fuego alto y reducir el fuego a bajo durante siete minutos.
- ☒ Combine con pollo y cocine por cinco minutos.
- ☒ Servir con pasta.

Cazuela De Pescado

Ingredientes:

- ☒ Perejil (.25 taza, picado)
- ☒ Jugo de limón (2 cucharadas)
- ☒ Tomates (2, sin semillas, cortados en rodajas de .25 pulgadas)
- ☒ Filetes de pescado (4, fletán o bacalao)
- ☒ Ajo (3 dientes picados)
- ☒ Sal (pizca)
- ☒ Pimienta (pizca)
- ☒ Pimientos italianos (2, grandes, en rodajas finas)
- ☒ Patatas (1 libra, en cuartos)
- ☒ Aceite de oliva (2 cucharadas)
- ☒ Aceitunas Kalamata (.25 taza)

Preparación:

- ☒ Precaliente el horno a 400 grados Fahrenheit. Use una cucharada de aceite para cubrir una cacerola.
- ☒ Coloque las papas y la pimienta en el plato y agregue sal y pimienta. Hornee por 35 minutos.
- ☒ Mezcle el ajo sobre el plato. Sazone los filetes de pescado con sal y pimienta y luego póngalos encima de las papas junto con las aceitunas y los tomates. Rocíe con aceite de oliva y jugo de limón. Cubrir con perejil.
- ☒ Hornee por 25 minutos.

Hamburguesas de Frijoles Pintos

Ingredientes:

- ☒ Tomates (12 rodajas)
- ☒ Lechuga o espinacas
- ☒ Pan de pita (reducido a la mitad)
- ☒ Chips de tortilla (.5 taza, triturados)
- ☒ Comino (.5 cucharadita)
- ☒ Chile en polvo (1 cucharadita)
- ☒ Huevo (1 grande)
- ☒ Salsa (.5 taza)
- ☒ Pan rallado (.5 taza)
- ☒ Frijoles Pintos (2 latas de 15.5 onzas, enjuagadas y escurridas)

Preparación:

- ☒ Precaliente el asador y cubra la bandeja para hornear con aceite en aerosol.
- ☒ Ponga a un lado 1 taza de frijoles. Ponga los frijoles restantes en un procesador de alimentos.
- ☒ En un tazón, mezcle los frijoles reservados, las migas de pan, el huevo, la salsa y las especias. Agregue los chips de tortilla y los frijoles procesados.
- ☒ Mezclar y luego formar seis empanadas. Rocíe ambos lados de las empanadas con aceite.
- ☒ Coloque aproximadamente cuatro pulgadas del asador, girándolo solo una vez después de 10 minutos. Servir en pan de pita con los ingredientes restantes.

Primavera Vegana

Ingredientes:

- ☒ Perejil (2 cucharadas)
- ☒ Crema espesa (3 cucharadas)
- ☒ Sal (pizca)
- ☒ Pimienta (pizca)
- ☒ Condimento de hierbas italianas (.25 cucharadita)
- ☒ Azúcar (.5 cucharadita)
- ☒ Proteína Vegetal Texturizada (.5 taza, siga las instrucciones en el paquete)
- ☒ Salsa de Tomate (1 lata pequeña)
- ☒ Tomates (1 lata, guisados)
- ☒ Ajo (2 dientes, picados)
- ☒ Aceite de oliva (2 cucharadas)
- ☒ Calabaza de espagueti (1 4 libras)

Preparación:

- ☒ Cortar la calabaza por la mitad, a lo largo. Poner en un plato apto para microondas, con el lado abierto hacia abajo en el microondas durante 20 minutos a temperatura alta. Rotar una vez.
- ☒ Caliente el aceite en una sartén a fuego medio. Combine la cebolla y el ajo, y cocine hasta que estén suaves por 10 minutos.
- ☒ Agregue los siguientes siete ingredientes. Reduzca el fuego a bajo durante 10 minutos.
- ☒ Agregue la crema, revuelva y cocine por dos minutos más.
- ☒ Raspe la calabaza en un plato, cubra con salsa y perejil.

Pollo con Chile y Frijoles

Ingredientes:

- Arroz (1.5 tazas, cocido)
- Albóndigas a la italiana (1 paquete, completamente cocidas)
- Frijoles Pinto y Frijoles Negros (1 lata de cada uno, enjuagados y escurridos)
- Orégano (.5 cucharadita)
- Comino (.5 cucharadita)
- Sal (1 cucharadita)
- Chile en polvo (1 cucharada)
- Salsa de Tomate (1 lata)
- Tomates (1 lata, entera en jugo)
- Ajo (3 dientes, picados)
- Pimiento Dulce (1, verde, picado)
- Cebolla (1, picada)
- Aceite de canola (2 cucharadas)

Preparación:

- Caliente el aceite a fuego medio en una cacerola grande. Agregue la cebolla, el ajo y la pimienta.
- Cocine y revuelva durante unos siete minutos.
- Agregue salsa de tomate, chile en polvo, sal, comino y orégano. Rompa todos los ingredientes con una cuchara de madera. Continúa cocinando por cinco minutos.
- Agregue frijoles y albóndigas. Llevar a ebullición, reducir el fuego y tapar durante cinco minutos.
- Servir sobre arroz.

Fruta y Pollo al Curry

Ingredientes:

- ☒ Sal (pizca)
- ☒ Aceite de canola (1 cucharada)
- ☒ Pechugas de pollo (4, sin hueso y sin piel)
- ☒ Maicena (1 cucharadita, mezclada con 2 cucharadas de agua fría)
- ☒ Agua (.5 taza)
- ☒ Jugo de naranja (.25 taza)
- ☒ Pimiento (.75 cucharadita)
- ☒ Comino (.25 cucharadita)
- ☒ Curry en polvo (1 cucharadita)
- ☒ Plátano (1)
- ☒ Peras (2, Bosc Rojo)
- ☒ Manzanas (2, verdes)

Preparación:

- ☒ Pele las manzanas y las peras dejando la piel y córtelas en cubos. Cortar el plátano en rodajas de 0.5 pulgadas.
- ☒ Cocine el curry, el comino y la pimienta en la sartén hasta que estén fragantes. Agregue jugo de fruta y agua.
- ☒ Hervir, tapar y luego reducir a fuego lento durante 13 minutos,
- ☒ Agregue la maicena y cocine por dos minutos más.
- ☒ Precaliente el asador, rocíe aceite sobre el pollo y sazone con sal y pimienta.
- ☒ Coloque el pollo en una bandeja para hornear a cuatro pulgadas del asador y luego cocine por cinco minutos. Gire y continúe asando por tres minutos.

☒ Transfiera todo a un plato y puede servirlo sobre arroz.

Salteado de Vegetales

Ingredientes:

☒ Maicena (1 cucharada)
☒ Cebolla (1, roja, en rodajas finas)
☒ Pimiento (1 rojo mediano, en rodajas)
☒ Verduras (12 onzas, congeladas)
☒ Aceite de canola (1 cucharada)
☒ Salsa Salteada Kikkoman prefabricada (.5 taza)
☒ Pechuga de pollo (1 libra, sin hueso y sin piel)

Preparación:

☒ Combine el pollo y la salsa para saltear en un tazón.
☒ En una sartén, caliente el aceite a fuego medio. Agregue vegetales, cebollas y pimienta. Cocine durante ocho minutos y luego retírelo de la sartén. Saque las verduras y colóquelas a un lado.
☒ Coloque el pollo a la sartén y cocine por cuatro minutos. Revuelva con frecuencia y luego agregue las verduras nuevamente a la sartén. Cocine por otro minuto y luego sirva.

Gyro Vegetal

Ingredientes:

- ☒ Queso Feta (1 paquete, ajo y hierba)
- ☒ Tomates (2 grandes, en rodajas)
- ☒ Cebolla (.5 de uno, en rodajas finas)
- ☒ Lechuga (.5 cabeza, en rodajas)
- ☒ Pan de pita
- ☒ Sal (pizca)
- ☒ Pimienta (pizca)
- ☒ Eneldo (1 cucharada)
- ☒ Jugo de limón (1 cucharada)
- ☒ Pepino (.5 pelado, sin semillas, cortado en cubitos)
- ☒ Yogurt (paquete de 6 onzas, bajo en grasa, natural, escurrido)

Preparación:

Salsa

Combine el yogur, el ajo, el jugo de limón, el pepino, el eneldo, la sal y la pimienta en un tazón. Cubra y enfríe en el refrigerador por 30 minutos.

Para hacer el gyro:

- ☒ Envuelva el pan de pita en una toalla de papel húmeda y caliéntelo en el microondas durante 20 segundos. Coloque los lados hinchados sobre los platos.
- ☒ Distribuya uniformemente en el medio la lechuga, la salsa de yogur, la cebolla, los tomates y el queso feta.
- ☒ Doblar como un taco.

Aguacate y Queso de Cabra sobre Tostadas

Ingredientes:

- Pan (4 rebanadas)
- Aguacate (1, maduro)
- Queso de cabra (.25 taza, desmenuzado)
- Sal (pizca)
- Pimiento rojo (1 cucharadita, hojuelas)
- Aceite de oliva

Preparación:

- Tostar el pan hasta que esté crujiente. Triture el aguacate y unte en todas las tostadas.
- Cubra con queso de cabra y rocíe con aceite de oliva y especias.

Tazón de Cebada y Aguacate

Ingredientes:

- Pimienta (pizca)
- Aguacate (1, maduro, pelado, picado)
- Sal marina (pizca)
- Almendras (.25 taza, tostadas, en rodajas)
- Queso (.33 taza)
- Brotes de frijol (1 taza)
- Cebada (.5 taza, cocida)

Salsa de yogur de limón

- Sal (pizca)

- ☒ Cebollín (1 cucharada)
- ☒ Jugo de Limón (1 cucharadita)
- ☒ Yogur (.5 taza, simple, no griego)

Preparación:

- ☒ En un tazón, combine la cebada, el queso, los brotes, las almendras y la sal. Mezclarlos juntos.
- ☒ Batir todos los ingredientes en un tazón diferente para preparar la salsa de yogur.
- ☒ Divida la cebada en dos tazones. Cubra con trozos de aguacate y salsa de yogurt.

Huevos al Horno en Aguacates

Ingredientes:

- ☒ Cebollín (1 cucharada)
- ☒ Pimienta (pizca)
- ☒ Huevos (4, grandes)
- ☒ Aguacates (2 maduros)

Preparación:

- ☒ Precaliente el horno a 425 grados Fahrenheit.
- ☒ Corte los aguacates por la mitad y retire los hoyos. Saque 2 cucharadas de cada aguacate para que el huevo pueda entrar cómodamente en cada una.
- ☒ Coloque los aguacates en una fuente para horno y rompa cada huevo sobre cada mitad de aguacate. Asegúrese de que la yema entre primero, para que la blanca pueda moldearse alrededor de la yema.

- ☒ Hornee por 15-20 minutos. Sazonar con hierbas y especias.

Deditos de Aguacate

Ingredientes:

- ☒ Prosciutto (1 onza)
- ☒ Chile en polvo (1 cucharadita)
- ☒ Sal (1 cucharadita)
- ☒ Pimienta (1 cucharadita)
- ☒ Queso de cabra (2 onzas)
- ☒ Jugo de lima (1 cucharada)
- ☒ Aguacates (4, maduros, en rodajas, pelados)

Preparación:

- ☒ Mezcle las rodajas de aguacate en un tazón con jugo de limón. Rellene el centro de cada aguacate con queso de cabra.
- ☒ Espolvorear con especias.
- ☒ Envuelva cada rebanada de aguacate con una fina rebanada de jamón hasta que el queso de cabra esté seguro.

Capítulo 3: Recetas para la Cena

Brócoli y Salmón

Ingredientes:

- Pimienta (pizca)
- Sal (pizca)
- Eneldo (suficiente para decorar)
- Crema (.5 pinta)
- Cebollas tiernas (4, en rodajas finas)
- Mantequilla (1 onza)
- Vino blanco (.25 pinta)
- Filete de salmón (8 onzas, sin piel y sin hueso)
- Pasta (12 onzas, Tallarines)
- Brócoli (10 onzas)

Preparación:

- Cocine la pasta durante unos 9 minutos o hasta que esté en una sartén con agua hirviendo con sal. Escurrir en un colador.
- Mientras se cocina la pasta, ponga el salmón en una sartén para freír. Agregue vino, pimienta y sal.
- Hervir el salmón y cocine a fuego lento durante cinco minutos hasta que el salmón esté cocido.
- Mueva el pescado a un plato y desmenúcelo con un tenedor. Aumente el calor en la estufa hasta que el líquido hierva a fuego lento y luego reduzca a tres cucharadas.
- Lave el brócoli, recorte la base de cada tallo y luego corte los floretes en trozos de tres centímetros de largo.

- ☒ Agregue la mantequilla al vino, luego las cebollas y el brócoli. Saltee por tres minutos.
- ☒ Agregue la crema y cubra. Cocine a fuego lento durante tres minutos hasta que el brócoli esté tierno.
- ☒ Retire la tapa y agregue los copos de salmón. Sazonar y probar. Agregue la salsa a la pasta cocida y luego revuelva.

Ensalada de Brócoli, Queso Feta y Quinoa

Ingredientes:

- ☒ Quinoa (2 tazas)
- ☒ Brócoli (10 onzas)
- ☒ Menta (1 taza, picada)
- ☒ Queso feta, (10 onzas, desmenuzado)
- ☒ Semillas de calabaza (1 taza)
- ☒ Semillas de granada (de 1 fruta)
- ☒ Perejil (1 taza picada)
- ☒ Tomates (3 maduros, sin semillas, picados)
- ☒ Cebollas tiernas (1 manojo, en rodajas finas)
- ☒ Aceite de oliva (3 cucharadas, virgen extra)
- ☒ Jugo de limón (3 cucharadas)

Preparación:

- ☒ Prepara la quinoa según el paquete. Dejar enfriar en un bol en la nevera.
- ☒ Mientras tanto, el brócoli se puede picar en trozos pequeños y luego hervir hasta que estén tiernos durante aproximadamente cinco minutos. Dejar de lado.

☒ Caliente una sartén y tueste la semilla de calabaza hasta que esté crujiente. Retire del fuego y dejar de lado.

☒ Una vez que la quinoa y el brócoli se hayan enfriado, combine con el queso feta, las semillas de granada, el tomate, la cebolla, las hierbas, el jugo de limón y el aceite.

☒ Condimentar con sal y pimienta. Mezcle todo junto hasta que esté bien combinado.

Ensalda de Salmón

Ingredientes:

☒ Naranja (1 fruta)

☒ Semillas (1 cucharada, variedad mixta: girasol, calabaza, etc.)

☒ Almendras (25 gramos, picadas)

☒ Cebolla Verde (2, en rodajas)

☒ Chile rojo (.5 de uno, sin semillas, picado)

☒ Aceite de oliva (1 cucharada)

☒ Filetes de salmón (200 gramos, sin piel)

☒ Brócoli (200 gramos)

Preparación:

☒ Con una vaporera escalonada, hierva agua en el fondo. Coloque el brócoli en el agua y luego coloque el salmón sobre la vaporera. Cocine por tres minutos hasta que ambos Brócoli y Salmón estén cocidos.

☒ Retire ambos del fuego, drene el brócoli y deje que el pescado se enfríe.

- ☒ Caliente el aceite en la sartén, saltee el chile, las cebollas verdes, las nueces y las semillas mezcladas durante tres minutos hasta que estén doradas.
- ☒ Usando un rallador, recolecte un poco de ralladura de mitad de la naranja. Agregue a la sartén con un poco de jugo de naranja.
- ☒ Condimentar con sal y pimienta.
- ☒ Corte el salmón en escamas con un tenedor. Combine con brócoli y la mezcla de nuez y chile.

Ensalada de Pollo y Brócoli

Ingredientes:

- Sal (pizca)
- Pimienta (pizca)
- Piñones (1 onza, tostados)
- Brócoli (7 onzas)
- Ajo (1 diente, triturado)
- Aceite de girasol (1 cucharada)
- Vegetales Verdes (5 onzas, espinacas o lechuga)
- Cebolla verde (6 en rodajas)
- Tomates cereza (5 onzas, cortados por la mitad)
- Ralladura de limón (de un limón)
- Estragón (1 puñado, picado)
- Pechugas de pollo (4, sin piel, sin hueso, cortadas en Coloques)

Preparación:

- Coloque el pollo en un tazón. Agregue el estragón, la ralladura, la sal y la pimienta. Mezclar bien. Marinar en la nevera durante unas horas.
- Prepare el aderezo y reserve.
- En un tazón, coloque los vegetales, los tomates y las cebollas. Sazone con pimienta y sal.
- Caliente el aceite en una sartén grande. Saltee el pollo durante unos nueve minutos, volteándolo con frecuencia, hasta que esté bien cocido y dorado.
- Combine el ajo en el último minuto. Retire del fuego, agregue el aderezo y revuelva juntos. Asegúrese de que el

pollo esté bien cubierto y de que se raspe cualquier parte de la base de la sartén.

- ☒ Hervir el brócoli en agua durante cinco minutos hasta que estén tiernos.
- ☒ Cubra la ensalada con pollo y brócoli. Decorar con piñones.

Salsa de Lubina y Remolacha

Ingredientes:

- ☒ Menta (2 cucharadas, picadas)
- ☒ Ralladura de lima (2 limas)
- ☒ Cebollas verdes (6, en rodajas)
- ☒ Remolacha (8 onzas, cocida y picada)
- ☒ Sal (para sazonar)
- ☒ Pimienta (para sazonar)
- ☒ Filetes de Lubina (4-6)
- ☒ Aceite de oliva (4 cucharadas)

Preparación:

- ☒ Caliente el aceite de oliva en una sartén. Sazone la lubina y proceda a saltearlo, con la piel hacia abajo, en dos tandas. Presione los filetes hacia abajo con una espátula y cocine durante aproximadamente cuatro minutos hasta que la piel se vuelva crujiente.
- ☒ Retire del fuego pero mantenerlo caliente.
- ☒ Lave la sartén (retire primero el pescado) y agregue el resto del aceite, luego la remolacha y caliéntela a fuego medio durante aproximadamente cuatro minutos.

- Agregue la cebolla y la ralladura de lima. Agregue la menta, luego sazone al gusto. Arregle dos filetes en un plato, luego cubra con salsa.

Pasta de Salmón y Crema Fresca

Ingredientes:

- Perejil (ramitas para decorar)
- Pimienta (pizca)
- Sal (pizca)
- Crema fresca (250 mililitros)
- Perejil (2 cucharadas picadas)
- Judías verdes (6 onzas, cortadas a la mitad)
- Brócoli (4 onzas, pequeñas flores)
- Puerro (1 grande, recortado, en rodajas)
- Conchas de pasta (12 onzas)
- Salmón (418 gramos, enlatado, rosa salvaje)

Preparación:

- Escurra el salmón enlatado, reservando tres cucharadas de su líquido. Asegúrese de que no haya huesos ni piel, luego divida el salmón en trozos. Dejar de lado.
- Cocine la pasta de acuerdo con las instrucciones y, al mismo tiempo, cocine el brócoli, el puerro y las judías verdes en agua hirviendo ligeramente salada. Cocine por unos 3 minutos, luego escurrir.
- Escurra la pasta y devuélvala a la sartén con el líquido reservado del salmón enlatado. Agregue las verduras, el perejil y la crema fresca.

☒ Revuelva a fuego medio durante un minuto más o menos, agregando los trozos de salmón en el último minuto.

Albóndigas de Pavo y Limón

Ingredientes:

☒ Pavo (18 onzas, picado)
☒ Pimienta (pizca)
☒ Sal (pizca)
☒ Jugo de limón y ralladura (1 limón)
☒ Aceite de oliva (1 cucharada)
☒ Pan rallado (3 cucharadas soperas)
☒ Crema batida (9 onzas líquidas)
☒ Aceite de canola (4 cucharadas)
☒ Ajo (1 diente, triturado)
☒ Cebolla (0.5 pequeñas, finamente picadas)
☒ Piñones (1 cucharada)

Salsa:

☒ Pasta Linguini (11 onzas)
☒ Brócoli (2 cabezas, cocidas, pequeños floretes)
☒ Caldo de pollo (7 onzas fluidas)

Preparación:

☒ Saltee a fuego medio, el ajo y las cebollas en una pequeña cantidad de aceite durante unos 10 minutos, hasta que se ablanden.

- ☒ Coloque en un tazón el pavo, la cebolla cocida, los piñones, la ralladura, el aceite de oliva y una cucharada de crema batida y mezcle bien. Agrega sal y pimienta.
- ☒ Hacer 20 bolas y luego enfriar.
- ☒ Hacer la salsa requiere hervir el caldo y el jugo de limón hasta que se reduzca a un tercio. Agregue la crema batida restante y hierva nuevamente. La salsa debe espesarse automáticamente.
- ☒ Agregue un poco más de caldo si la salsa es demasiado espesa. Añadir sal y pimienta al gusto.
- ☒ Vierta dos o tres cucharadas de aceite de oliva en una sartén. Agregue las albóndigas y cocine suavemente durante 15 minutos hasta que estén ligeramente doradas y completamente cocidas. Rociar con la salsa de limón.

Salmón con Corteza de Sésamo

Ingredientes:

- ☒ Sal (para sazonar)
- ☒ Pimienta (para sazonar)
- ☒ Especia tailandesa (.5 cucharadita)
- ☒ Salsa de chile (2 cucharadas)
- ☒ Adobo asiático (2 cucharadas)
- ☒ Bok choy pequeño (150 gramos)
- ☒ Filete de salmón
- ☒ Semillas de sésamo (1 cucharada)

Preparación:

- ☒ Cubra el lado sin piel del salmón con una mezcla de especias tailandesas y .5 semillas de sésamo

- ☒ Use el aceite de oliva para cubrir la sartén. Cocine el salmón a fuego medio con la carne hacia abajo hasta que las semillas de sésamo estén doradas o aproximadamente tres minutos.
- ☒ Voltee el pescado y cocine a su gusto aproximadamente de uno a dos minutos.
- ☒ Cocine al vapor el bok choy por 1.5 minutos. Mezcle el aderezo asiático y la salsa de chile, luego mezcle con las verduras,
- ☒ Coloque las verduras en un plato, espolvoree con semillas de sésamo, luego cubra con salmón.

Verduras Asadas con Miel y Queso Feta

Ingredientes:

- Miel de Manuka (3 o 4 cucharadas)
- Queso feta (7 onzas)
- Tomillo (4 ramitas)
- Aceite de oliva (6 cucharadas)
- Calabaza Moscada (.5, pelada y cortada en cubos)
- Cebollas rojas (2, en cuartos)
- Calabacines pequeños (1.2 libras, en diagonal a la mitad)
- Zanahorias (2 picadas)
- Pimientos (2 rojos, en rodajas gruesas)

Preparación:

- Precaliente el horno a 400 grados Fahrenheit. Rocíe aceite de oliva en una asadera o lata y coloque las verduras sobre él. Sazone y agregue el tomillo.
- Asado por 40 minutos.
- Cubra el queso feta y agregue las verduras. Revuelva bien con miel.
- Regrese al horno por otros cinco minutos.

Curry de Tomate y Mango

Ingredientes:

- Arroz (cocido, para servir)
- Yogurt (1.25 pintas)
- Mango (1 grande, firme, sin piel y cortado en trozos)
- Tomates (10.5 onzas, troceados)
- Ajo (3 dientes picados)
- Cúrcuma (2 cucharaditas)
- Chiles verdes (3, cortados a la mitad a lo largo)
- Cebolla roja (1 grande, en rodajas)
- Jengibre (pieza de 2 pulgadas, picada)
- Hojas de curry (un puñado, frescas o secas)
- Semillas de mostaza (1 cucharadita, negras)
- Aceite de girasol (2 cucharadas)

Preparación:

- Caliente una sartén grande o wok a fuego medio. Fría las semillas de mostaza hasta que comiencen a estallar. Proceda a agregar el curry, la cúrcuma, el ajo, el jengibre, la cebolla y los chiles.
- Sazonar bien.
- Una vez que la cebolla comience a dorarse, agregue el mango y los tomates, y luego cocine hasta que el tomate se ablande. Retire del fuego inmediatamente y batir el yogur.
- Servir inmediatamente.
- Servir encima del arroz.

Tallarines de Salmón Cremoso

Ingredientes:

- ☒ Pimienta (pizca)
- ☒ Salsa de crema agria y cebollín (.5 de 200 g)
- ☒ Salmón (2 latas, sin piel y sin hueso, en escamas)
- ☒ Espinacas pequeñas (1 bolsa, lavadas)
- ☒ Tallarines (8 onzas)

Preparación:

- ☒ Hervir agua con sal en una cacerola grande y cocinar la pasta durante 10 minutos o hasta que estén tiernos. Mientras tanto, escurra el salmón y pique a través de los huesos o la piel. Desmenuzar el pescado.
- ☒ Ponga las espinacas en un colador. Cuando la pasta termine de cocinarse, vierta la pasta sobre las espinacas. Esto cocinará ligeramente las espinacas mientras escurre la pasta.
- ☒ Regrese la espinaca y la pasta a la sartén. Agregue la salsa de crema agria con cebollín y el salmón desmenuzado. Caliente hasta que el salmón esté caliente.
- ☒ Sazone al gusto.

Salmón Salteado

Ingredientes:

- Mitades de nuez (2 onzas)
- Aceite de oliva (1 cucharada)
- Espinacas pequeñas (6 onzas)
- Tomates de pera (6, cortados por la mitad)
- Jugo de naranja (1 naranja exprimida)
- Aguacates (2, pelados, sin hueso y en rodajas)
- Judías verdes (4 onzas)
- Brócoli (6 onzas)
- Filetes de salmón (2, sin piel y en rodajas)
- Salsa de soja (2 cucharadas)
- Miel líquida (1 cucharada)

Preparación:

- Combine el jugo de naranja, la miel y la salsa de soya.
- Caliente el aceite en un wok. Agregue el brócoli y luego saltee durante dos minutos. Después de eso, el salmón y los frijoles deben agregarse y freírse durante dos minutos adicionales.
- Agregue los ingredientes restantes y luego continúe cocinando. Siempre mantenga los ingredientes en movimiento durante otros dos minutos.
- Las verduras deben estar crujientes.
- Agregue el aderezo de naranja y caliente por otro minuto. Servir inmediatamente con fideos cocidos.

Salmón Horneado

Ingredientes:

- Perejil (puñado, picado)
- Sal (pizca)
- Pimienta (pizca)
- Crema de soja (284 mililitros)
- Filete de salmón (600 gramos, cortado en tiras gruesas de 1 pulgada)
- Ralladura de limón (1 limón)
- Espinacas (150 gramos, frescas)
- Brócoli (200 gramos, floretes)
- Ajo (2 dientes, picados)
- Cebolla (1 grande, en rodajas)
- Patatas (907 gramos, cerosas y sin pelar)
- Margarina (75 gramos)

Preparación:

- Precaliente el horno a 400 grados Fahrenheit.
- Hervir las papas sin pelar durante nueve minutos. Escurra las papas y luego enjuague con agua fría. Póngalos a un lado.
- Derrita dos tercios de la margarina en una sartén, agregue la cebolla, el ajo, la pimienta y saltee durante tres minutos. Agregue el brócoli. Sofría por cinco minutos.
- Agregue las espinacas y cocine hasta que el verde comience a marchitarse.
- Rocíe una fuente de horno profunda con aceite de cocina. Coloque la mezcla de salteados sobre la base de manera uniforme. Ponga los filetes de salmón encima de la mezcla.
- Rocíe con la ralladura de limón, el perejil y la crema.

- ☒ Sazone al gusto.
- ☒ Quite las cáscaras de las papas, luego ralle las papas y cubra el salmón con las papas ralladas.
- ☒ Hornee por 30 minutos.

Arroz con Huevo Frito, Champiñones y Salmón

Ingredientes:

- ☒ Jugo de limón (.5 limón)
- ☒ Aceite de sésamo (1 cucharada)
- ☒ Salsa de soja (3 cucharadas, baja en sodio)
- ☒ Huevos (3, batidos)
- ☒ Champiñones (12 onzas, portobello o champiñones shiitake)
- ☒ Aceite de cacahuete (2 cucharadas)
- ☒ Filetes de salmón (12 onzas)
- ☒ Guisantes (4 onzas, congelados)
- ☒ Arroz Jasmin (6 onzas)

Preparación:

- ☒ Cocine el arroz durante 10 minutos en agua hirviendo con sal. Agregue los guisantes en los últimos dos minutos. Escurrir en un colador y luego reservar.
- ☒ En una sartén, agregue seis cucharadas de agua con el salmón, hierva.
- ☒ Cubra el pescado y cocine a fuego lento durante unos 8 minutos o hasta que esté cocido. Transfiera a un plato. Quítese la piel y desmenuce la carne.
- ☒ A fuego alto, caliente un wok y agregue la mitad del aceite. Batir los huevos y agregarlos al wok. Revuelva bien.

- ☒ Transfiera a un plato y limpie el wok, luego regréselo nuevamente al fuego. Agregue el resto del aceite.
- ☒ Agregue los champiñones y saltee hasta que se ablanden durante unos 2 minutos.
- ☒ Agregue el arroz, los guisantes, el salmón, los huevos, la salsa de soya y el jugo de limón, y luego revuelva para calentar. Servir una vez bien caliente.

Ensalada de Cilantro y Garbanzos

Ingredientes:

- ☒ Sal (pizca)
- ☒ Pimienta (pizca)
- ☒ Aceite de oliva (60 mililitros)
- ☒ Ajo (1 cucharadita, picado)
- ☒ Cebolla (1 cucharadita)
- ☒ Crema de mostaza (2 cucharaditas)
- ☒ Hojas de lechuga
- ☒ Hojas de cilantro (4 cucharaditas, picadas)
- ☒ Bolsitas de té de Ceilán (3 bolsas)
- ☒ Tomates cereza (puñado, en cubitos)
- ☒ Garbanzos (1 lata)

Preparación:

- ☒ Ponga los garbanzos en una cacerola llena de agua y las bolsitas de té. Hervir hasta que los garbanzos estén cocidos y ablandados.
- ☒ Tire las bolsas de té, escurra y enfríe los garbanzos.

- Agregue el aceite de oliva y la crema de mostaza. Condimentar con sal y pimienta. Agregue los tomates, la cebolla, el ajo y el cilantro. Mezclar bien.
- Servir sobre lechuga.

Ensalada Batida y Frijoles

Ingredientes:

- Pimienta (.25 cucharadita)
- Aceite de oliva (2 cucharadas)
- Sal (.25 cucharadita)
- Ajo (1 cucharadita, picada)
- Tomillo (2 cucharaditas, picadas)
- Vinagre de vino blanco (1.5 cucharadas)
- Perejil (3 cucharadas picadas)
- Remolacha roja (12 onzas, pelada y en cuña)
- Judías verdes (1 paquete de 8 onzas)

Preparación:

- Envuelva las rodajas de remolacha en papel pergamino apto para microondas. Encienda el microondas a temperatura alta durante 11 minutos.
- Caliente las judías verdes según las instrucciones del paquete.
- Mezcle y añada el aceite, el perejil, el vinagre, el tomillo, el ajo, la sal y la pimienta. Agregue frijoles y remolachas.

Coliflor Asada y Naranjas

Ingredientes:

- Naranja (1 entera)
- Vinagre de Jerez (2 cucharadas)
- Cebolla roja (1 taza, en rodajas)
- Pimiento rojo (.25 cucharadita, triturado)
- Aceite de oliva (3 cucharadas)
- Coliflor (4 tazas, floretes pequeños)
- Sal (.5 cucharadita)
- Ralladura de naranja (2 cucharaditas)
- Orégano (1 cucharada)

Preparación:

- Precaliente el asador. Agregue el aceite de oliva, el vinagre, el orégano, la ralladura de naranja, la sal y el pimiento rojo. Agregue coliflor y cebolla. Mezclar juntos.
- Extienda la mezcla en una bandeja para hornear y cubra con papel de aluminio.
- Ase a la parrilla por 10 minutos, revolviendo después de 4 minutos. Cubra con trozos de naranja.

Limón Asado y Chirivías

Ingredientes:

- ☒ Limón (1, en rodajas)
- ☒ Sal (.25 cucharadita)
- ☒ Eneldo (1 cucharada picada)
- ☒ Aceite de oliva (1 cucharada)
- ☒ Perejil (.25 taza, picado)
- ☒ Pimiento (.25 cucharadita)
- ☒ Jugo de limón (1 cucharada)
- ☒ Chirivías (1 libra, peladas y en rodajas finas)

Preparación:

- ☒ Precaliente el horno a 500 grados Fahrenheit. Mientras el horno se precalienta, coloque una bandeja para hornear sobre él. Nota: ¡No saque la sartén mientras precalienta!
- ☒ Combine el aceite de oliva, el jugo de limón, la pimienta, las chirivías y la sal. Coloque en la bandeja para hornear.
- ☒ Hornee durante diez minutos y luego cubra con perejil y eneldo.

Conclusión

Los beneficios de este libro lo ayudarán a conocer mejor los alimentos más saludables del planeta. Los superalimentos son fácilmente accesibles y asequibles, y hay muchos más de lo que podría haber pensado anteriormente. Todos los superalimentos son extremadamente saludables y bajos en calorías. No tendrá problemas para comer de una manera súper saludable porque los superalimentos son, por definición, extremadamente nutritivos.

Estas recetas que están escritas, son fáciles de seguir. Todo se divide en tres capítulos: desayuno, almuerzo y cena. Los desayunos tienen menos de 400 calorías, los almuerzos y las cenas tienen menos de 600 calorías y todos se preparan en menos de una hora.

Gracias por llegar hasta el final de *El Libro de Cocina de Superalimentos*. Esperamos que sea informativo y capaz de proporcionarle todas las herramientas que necesita para alcanzar sus objetivos, sean cuales sean.

¡El siguiente paso es elegir su receta favorita y probarla!

La dieta completa del Metabolismo En español/ The Complete Metabolism Diet In Spanish

INTRODUCCIÓN

Felicitaciones por comprar La Dieta Completa del Metabolismo y gracias por hacerlo. El mundo de la dieta está creciendo cada vez más, y descargar este libro es el primer paso que puede tomar para hacer algo sobre la transición a una dieta saludable. El primer paso tampoco es siempre el más fácil, por eso es importante tomar en serio la información que encontrará en los siguientes capítulos, ya que no son conceptos que puedan ponerse en práctica de inmediato. Si mantiene estos conceptos guardados, cuando llegue el momento de usarlos, se alegrará de tenerlos a mano.

Con ese fin, los siguientes capítulo discutirán los principios primarios de preparación que debe tener en cuenta si alguna vez decide ser realista para perder peso y ganar salud con una dieta completa de metabolismo. Esto significa que deberá considerar la calidad de sus alimentos, incluidos los posibles problemas que plantea su calidad, la mejor manera de utilizarlos en una comida y las diversas herramientas que podría necesitar para mantener su mente enfocada en la tarea en cuestión.

Con la calidad a un lado, aprenderá todo lo que necesita saber sobre la preparación de una amplia variedad de recetas, incluidas recetas comunes de frutas y verduras, junto con platos menos comunes también.

Me complace darle la bienvenida al mundo de las dietas y ayudarlo a perder peso, cambiar su vida y convertirse en una persona más saludable.

CAPÍTULO 1: SEMANA 1

Día 1

Tarta de ricota con peras

Ingredientes:

- 100 gr de ricotta
- 50 gr de azúcar
- 2 semillas de vainilla
- 3 huevos
- 1 paquete de levadura en polvo

Preparación

1. Para preparar el pastel de ricota suave y las peras, comience pelando las peras. Luego, retire el núcleo central y córtelos en cubos pequeños.
2. Colóquelos en un recipiente con muy poco jugo de limón para evitar que se doren. Mezclar el azúcar con la ricota.
3. Luego, agregue las semillas de vainilla. Luego, agregue 3 huevos uno por uno y continúe batiendo la mezcla.
4. Agregue la cáscara de limón rallada. Tamice la harina con el polvo de hornear y agregue a la mezcla mientras revuelve con una cuchara de madera hasta obtener una masa suave. Agregue las peras picadas y mézclelas con la masa.
5. Engrase y enharine un molde para pastel de 24 cm de diámetro. Vierta la masa del pastel y nivele con una espátula. Hornee el pastel a 180°C (horno estático) durante 50 a 70 minutos. Si el pastel se oscurece demasiado en la superficie, cúbralo con papel de aluminio.

6. ¡Saque del horno el pastel de ricotta y pera suave, déjelo enfriar, agítelo y espolvoree con azúcar glas antes de servirlo!

Pollo y aguacate

Ingredientes

- ☒ 100 gr de pollo
- ☒ 1 aguacate
- ☒ ½ limón
- ☒ 60 gr de aceite

Preparación

1. Para la receta de ensalada de pollo y aguacate con salsa de jengibre, freír la carne de pollo y reservarla en un tazón.
2. Pelar el jengibre y rallarlo. Luego, exprima la pulpa de jengibre en sus manos y vierta el jugo en un tazón pequeño; agregue el jugo de 1/2 limón, 60 g de aceite, una pizca de sal y perejil y mezcle en una batidora para obtener una salsa.
3. Limpie el aguacate y córtelo en trozos. Sazone el pollo con la salsa de jengibre y cubra con trozos de aguacate. Para que tenga mejor sabor, también puede agregar los segmentos de limón pelados para agregar un sabor picante.

Pasta con broccoli

Ingredientes

- 150 gr de pasta
- 50 gr de brócoli
- Sal
- Queso parmesano, si le gusta

Preparación

1. Para preparar pasta con brócoli, primero debe lavar y cortar la verdura. Luego, saltearla en una sartén con ajo y aceite.
2. Mientras tanto, cocine la pasta en agua hirviendo con sal. Una vez que la pasta ha alcanzado su estado al dente, escurrirla. Sazone con el brócoli.
3. Agregue todo y agregue un poco de queso. Este queso representará el toque final de su plato y le dará más cremosidad a su pasta con brócoli. Mezclar de nuevo. Para los pasos finales, sirva el plato y, si lo desea, agregue un poco más de queso.

Día 2

Cacao y menta

Ingredientes

- ☒ 100 gr de mantequilla de coco
- ☒ 50 gr de coco
- ☒ 1 cucharada de aceite de coco
- ☒ Cacao en polvo

Preparación

1. El cacao y la menta son una combinación excelente, y son perfectos para la dieta completa del metabolismo. Veamos esta receta.
2. Combine 100 gramos de mantequilla de coco derretida, 50 gramos de coco rallado, 1 cucharada de aceite de coco y media cucharadita de extracto de menta. Mezcle bien y vierta en hojaldres de crema o moldes para magdalenas, llenándolos hasta la mitad. Coloque en el refrigerador para endurecer (aproximadamente 15 minutos).
3. Mezcle 2 cucharadas de aceite de coco derretido y 2 cucharadas de cacao en polvo. Recupere la mezcla de menta del refrigerador y vierta la mezcla de cacao en cada molde sobre la menta. Refrigere hasta que las bombas se endurezcan.
4. Antes de servir, retire las bombas del refrigerador y déjelas descansar por unos 5 minutos.

Ensalada César

Ingredientes

- Ensalada fresca
- Pan
- 10gr de mantequilla
- 1 huevo
- ½ limón
- Queso parmesano

Preparación

1. Para preparar la ensalada César, lave, seque y corte finamente la ensalada de lechuga romana y colóquela en un tazón grande.
2. Cortar el pan en cubos. Derrita la mantequilla en una sartén y vierta los cubos de pan hasta que estén dorados y crujientes.
3. Prepare la salsa con la ayuda de un procesador de alimentos: vierta el huevo, el jugo de limón, el vinagre blanco, el ajo pelado y la salsa Worcestershire en el vaso del procesador de alimentos; comience a mezclar y agregue el aceite poco a poco, luego enjuague hasta obtener una consistencia similar a la mayonesa.
4. Agregue los cubos pan crujiente y el queso parmesano a la ensalada. Luego, sazone con la salsa recién preparada. Sirva su ensalada César bien sazonada y mixta.

Rollos Sabrosos

Ingredientes

- ☒ 100 gr de pollo
- ☒ 1 mozzarella
- ☒ Pimienta
- ☒ Sal

Preparación

1. Para preparar sus rollos, comience aplanando ligeramente las rodajas de pollo con el ablandador de carne. Tome una rebanada de pollo y coloque una rebanada de queso mozzarella sobre ella.
2. Enrolle la rodaja sobre sí misma para obtener algunos rollos y fíjelos con un palillo de dientes. Dele sabor a cada rollo con un mechón de romero. Caliente el aceite en una sartén y coloque los rollos en él, agregando sal y pimienta, y cocine por unos 15 minutos en total. A la mitad de la cocción, agregue el jugo de medio limón y deje que se evapore. Sirva los panecillos cuando aún estén calientes.

Día 3

Rosquillas de la mañana

Ingredientes

- 200 gr de harina
- 1 paquete de levadura en polvo
- 50 gr de mantequilla
- 1 huevo
- 50 gr de azúcar
- Sal

Preparación

1. Para hacer las rosquillas de la mañana, comience mezclando la harina y el polvo de hornear, tamizando todo en un tazón grande.
2. Ralle la cáscara de una naranja que servirá para dar sabor a la masa. Por separado, en otro tazón, ponga la mantequilla ablandada y reducida en trozos pequeños, agregue el azúcar y bata la mezcla para obtener una crema.
3. En este punto, agregue el huevo entero y la yema a temperatura ambiente, y una pizca de sal. Continúe armando la mezcla batiéndola y mientras lo está haciendo, vierta la leche a temperatura ambiente. Agregue los polvos a la mezcla de huevos y mantequilla un poco a la vez, ayudando con una cuchara.
4. Luego mezcle hasta obtener una mezcla suave y grumosa. Tome un molde de donas, unte con mantequilla el fondo y los bordes del molde con un cepillo de cocina. Unta muy bien toda la superficie, una precaución fundamental si usa un molde decorado como el que usamos. Finalmente, espolvoree toda la superficie del molde con harina.

5. Vierta la mezcla en la sartén y nivele la superficie con una espátula o el dorso de una cuchara. Cocine las donas de la mañana en un horno precalentado a 170 grados durante 40 minutos. Cuando esté cocido, saque las donas y déjelo enfriar antes de sacarlo.
6. En un tazón mezcle el azúcar en polvo con la canela en polvo, luego espolvoree la mezcla de aromas en el pastel.

Espagueti al Limón

Ingredientes

- ☒ 150 gr de espagueti
- ☒ 1 limón
- ☒ 10 gr de mantequilla

Preparación

1. Para preparar espagueti con limón, coloque una olla con abundante agua ligeramente salada en la estufa; Tan pronto como hierva, cocine los espaguetis de acuerdo con las instrucciones del paquete.
2. En una sartén derrita la mantequilla, agregue el limón y revuelva durante dos minutos, luego agregue el jugo.
3. En una sartén aparte, tuesta los piñones cuidando que no se quemen, luego lave y seque la albahaca.
4. Escurra la pasta manteniendo un vaso de agua de cocción, agréguela al jugo de limón y mezcle bien hasta que esté todo mezclado.
5. Agregue la Ricotta y un cucharón de agua de cocción y mezcle bien hasta que se forme una crema aterciopelada que envuelva los espaguetis.

Boquerones Fritos

Ingredientes

- ☒ 50 gr de anchoas
- ☒ 100 gr de harina de maíz
- ☒ 1 mozzarella
- ☒ Aceite de oliva tanto como quieras
- ☒ Sal

Preparación

1. La preparación de anchoas fritas es fácil, rápida y adecuada para cualquier situación.
2. Comenzamos tamizando la harina de maíz con la harina blanca y la cáscara de limón en polvo (muy finamente rallada).
3. Cortar la parte verde de los calabacines en juliana; con el pelador de papas, corte la parte restante y finalmente corte palitos finos de queso mozzarella. Luego, enrolle las anchoas y ábralas para reservar, séquelas y llénelas con un trozo de queso mozzarella y unas rodajas de calabacín.
4. Termine la preparación de anchoas fritas cerrándolas y envolviéndolas en una cinta de calabacín, páselos en harina de limón y fría en abundante aceite de oliva virgen extra. Cuando se cocina, es aconsejable escurrirlos y colocarlos sobre una capa de papel absorbente. Saltea las anchoas fritas y sírvelas calientes.

Día 4

Avena

Ingredientes

- ☒ 100 gr de avena
- ☒ 1 huevo
- ☒ 50 gr de harina
- ☒ Chocolate

Preparación

1. Pon la avena en una batidora. En una cacerola grande derrita la mantequilla suavemente, apague el fuego y agregue la avena y mezcle bien. Cortar los copos de avena en una batidora. En una olla grande, derrita suavemente la mantequilla, apague el fuego, agregue la avena y mezcle bien.

2. En un tazón montado en la batidora, mezcle el huevo con el azúcar granulada y entera hasta obtener una mezcla bien ensamblada. Tardará unos 2 minutos. Agregue la harina tamizada con levadura en polvo y continúe ensamblando. Agregue la avena y mezcle bien con una cuchara de madera. Al final agregue el chocolate, dejando un poco de lado para la decoración final, y mezcle hasta que la mezcla sea homogénea.

3. Con la ayuda de una cucharadita, extiende la mezcla sobre una bandeja para hornear cubierta con papel pergamino. Haga pequeños montones tratando de darle una forma redonda, puede ayudar con la parte posterior de una cucharadita ligeramente húmeda o si desea ser más preciso, use un cortador de galletas de 5 cm de diámetro y

con una cucharadita presione la mezcla, pon las gotas de chocolate guardadas a un lado. Extiéndelas bien porque tienden a extenderse durante la cocción.

Ensalada Caprese

Ingredientes

- ☒ Ensalada
- ☒ Atún
- ☒ Tomates
- ☒ Queso mozzarella
- ☒ Aceite de oliva 10 gr

Preparación

1. Para preparar la ensalada Caprese con atún, lave bien los tomates, séquelos y córtelos en trozos; luego corte el queso mozzarella en rodajas que no sean demasiado delgadas.
2. Escurra el atún, luego lave y seque bien las ensaladas y colóquelas en un plato para servir en el centro donde coloque el atún y todo alrededor de las rodajas de tomate y queso mozzarella.
3. En un recipiente aparte, prepare una mezcla de alcaparras, albahaca y anchoas: agregue sal y pimienta blanca, luego vierta el vinagre balsámico y mezcle bien hasta que se mezcle.
4. Sirva su ensalada Caprese de atún con la salsa recién preparada y una llovizna de aceite de oliva virgen extra.

Ensalada Fresca

Ingredientes

- ☒ Ensalada de valeriana
- ☒ 1 manzana
- ☒ 1 queso certosa
- ☒ Sal
- ☒ Pimienta
- ☒ Vinagre balsámico
- ☒ Aceite

Preparación

1. Coloque la valeriana en el fondo de los platillos, cúbrala con rodajas finas de manzana y pequeñas porciones de queso certosa light. Saltee la mota en trozos pequeños y extiéndala tibia sobre la ensalada y sazone con una emulsión de aceite, sal, pimienta y vinagre balsámico.

Día 5

Panqueques

Ingredientes

- ☒ Bicarbonato de sodio
- ☒ 100 gr de harina
- ☒ 1 paquete de levadura en polvo
- ☒ 2 cucharadas de crema
- ☒ 2 cucharadas de leche
- ☒ 2 cucharadas de crema de chocolate
- ☒ Fruta fresca

Preparación

2. En un tazón, tamice la harina con bicarbonato de sodio y sal y agregue el azúcar, el polvo de hornear y el huevo. Mezclar con el batidor
3. Vierta la leche y continúe mezclando hasta obtener la masa. Luego agregue una cucharadita generosa de crema pastelera y mezcle bien. Vierta la leche y continúe mezclando hasta obtener la masa.
4. Para la salsa: agregue 2 cucharadas de crema y 2 cucharadas de leche y caliente en una cacerola (o en el microondas). Agregue más leche según la densidad que desee y viértala en una pequeña lechería. Para la salsa: agregue 2 cucharadas de crema de chocolate y 2 cucharadas de leche y caliente en una cacerola (o en el microondas). Agregue más leche dependiendo de la densidad que desee y viértala en una pequeña lechería.
5. Apile los panqueques al gusto y sírvalos con la salsa de avellanas adornada con fruta fresca.

Espagueti alla bottarga

Ingredientes

- 150 gr de espagueti
- 20 gr de bottarga
- Sal
- 10 gr de mantequilla

Preparación

1. Para preparar los espaguetis con bottarga, cocine los espaguetis en abundante agua no demasiado salada.
2. Mientras tanto, caliente vino marsala en una sartén simplemente evaporando el alcohol; retirar del fuego y agregar la mantequilla. Escurra bien los espaguetis y agregue vino Marsala y la mantequilla. Agregue la bottarga, una pizca de pan rallado y mezcle bien.
3. Sirva sus espaguetis con bottarga caliente.

Pasta y mozzarella

Ingredientes

- 150 gr de pasta
- 1 queso mozzarella
- 1 tomate
- aceite de oliva
- alcaparras

Preparación

1. Para preparar su pasta con mozzarella, síganos en estos simples pasos: tome una olla con lados altos y cocine la pasta.
2. Mientras tanto, tome el queso mozzarella y córtelo en rodajas en un tazón.
3. Haga lo mismo con el tomate, cortándolo en gajos.
4. Ahora agregue un poco de aceite y si desea, un puñado de alcaparras y pasta de anchoas.
5. Una vez cocida la pasta, escúrrala y viértala en la sopera con el resto de los ingredientes.
6. Mezclar todo y decorar con hojas de albahaca.

Día 6

Brioche sin masa

Ingredientes

- 20 gr de mantequilla
- 200 gr de harina
- 1 paquete de levadura en polvo
- 100 gr de leche

Preparación

1. Este brioche sin masa está listo en 5 minutos: solo mezcle los ingredientes con un tenedor, déjelo reposar durante 24 horas y luego cocínelo. ¡Un esfuerzo mínimo para un gran resultado! Excelente solo o con mermelada, es perfecto para el desayuno o como merienda.
2. Derrite la mantequilla y deje que se enfríe. Vierta la harina en un tazón, agregue el polvo de hornear, el azúcar y la sal. Revuelva, luego incorpore los huevos, la mantequilla derretida y finalmente la leche. Revuelva rápidamente con un tenedor, cubra con papel aluminio y deje crecer durante 3 horas a temperatura ambiente, en un lugar cálido y alejado de corrientes de aire.
3. Después de este tiempo, transfiera la masa al refrigerador y déjela descansar por 24 horas.
4. Antes de hornear el brioche, déjelo a temperatura ambiente durante un par de horas. Encienda el horno a 180°C, transfiera la masa a un molde para pastel de ciruela de 23 cm de largo, con mantequilla y harina. Cepille la superficie con leche y decore con el azúcar granulada. Cocine en el horno caliente durante unos 40 minutos.

Fajitas de pollo

Ingredientes

- ☒ 100 gr de pechuga de pollo
- ☒ 50 gr de harina
- ☒ 10 gr de mantequilla
- ☒ sal
- ☒ pimienta

Preparación

1. Para hacer las tiras de pollo en vino blanco, primero debe cortar las pechugas de pollo en tiras irregulares. Luego póngalos dentro de un tazón y enharínelos.
2. Cuando finalice la operación, ponga la mantequilla en una sartén grande, luego deje que se derrita a una llama muy baja. Una vez que la mantequilla se derrita, agregue las tiras enharinadas.
3. En este punto, deje cocinar por un par de minutos en una llama muy viva. Agregue sal y pimienta, luego agregue el vino blanco. Cocina la carne por dos minutos. Luego, coloque la tapa en la olla que contiene las tiras de pollo para evaporar el líquido y, cuando se forme la salsa que lo acompaña, apague el fuego. Concluya la Preparación dejando que el plato descanse unos minutos antes de servir.

Queso y mermelada

Ingredientes

- ☒ 4 tipos de queso de su elección
- ☒ mermelada de su elección

Preparación

1. Corte 4 tipos de queso y colóquelos a los lados de una fuente. Si tiene la posibilidad, ponga una taza pequeña en el centro con un poco de mermelada de otoño. Esta receta es ideal para una buena cena o como aperitivo con amigos.

Día 7

Tostadas Francesas

Ingredientes

- ☒ 2 rebanadas de pan
- ☒ 2 huevos
- ☒ 10 gr de leche
- ☒ 10 gr de mantequilla

Preparación

1. La tostada francesa es una solución ligeramente más rica, por lo general uso las rebanadas clásicas de empanadas, y cuando las cocino las divido por la mitad, pero está bien usar pan simple cortado en rebanadas, mejor si está rancio.
2. Batir los huevos y la leche, sumergir las rebanadas de pan y poner en la sartén ya caliente y engrasada con mantequilla. Cocine un par de minutos por cada lado.
3. Para congelarlos, utilizo el mismo procedimiento que los panqueques, y prefiero ofrecerlos a los pequeños simplemente rociados con un poco de azúcar y canela, que también tiene una fuerte acción antibacteriana, preventiva para las dolencias de la temporada de frío.

Ensalada Tricolor

Ingredientes

- ☒ Queso fresco
- ☒ 2 tomates
- ☒ 2 calabacines
- ☒ Aceite
- ☒ Sal y pimienta
- ☒ 2 hojas de mejorana

Preparación

1. Para preparar la ensalada tricolor con queso fresco, corte los tomates en trozos y el calabacín en tiras finas con una cortadora de vegetales. En un tazón grande mezcle el calabacín y sazone con aceite, sal, pimienta y hojas de mejorana fresca. Deje que el calabacín descanse durante unos diez minutos al aire libre. Luego agregue los tomates y mezcle bien. Sirva el queso acompañado de las verduras preparadas de esta manera.

Tortilla de gorgonzola

Ingredientes

- 2 huevos
- 100 gr de gorgonzola
- queso crema
- 10 gr de mantequilla
- 100 gr de harina

Preparación

1. Prepare su tortilla de gorgonzola separando las claras de huevo y las yemas de huevo. Agregue queso gorgonzola a las yemas y sazone con pimienta blanca. Agregue una pizca de sal a las claras y revuélvalas hasta que haga nieve. Incorpórelos suavemente al queso crema mezclándolos de abajo hacia arriba. Encienda la parrilla del horno. Derrita la mantequilla en la sartén. Vierta la mezcla de huevo y cocine por un par de minutos a fuego medio. Cuando la tortilla esté dorada en la parte inferior, deslícela en un plato y colóquela debajo de la parrilla para terminar de cocinar. Sirva la tortilla de gorgonzola bien cocida, recién salida del horno.

CAPÍTULO 2: SEMANA 2

Día 1

Postre de hojaldre

Ingredientes

- ☒ 1 hogaza de hojaldre
- ☒ Azúcar
- ☒ Una pizca de canela

Preparación

1. Extienda una hogaza de hojaldre en una masa rectangular, espolvoree con azúcar a la que ha agregado una pizca de canela y extiéndala con un rodillo para que el azúcar se adhiera bien a las superficies.
2. Enrolle la masa comenzando por los dos lados hasta llegar al centro. El resultado debería ser tener dos cilindros envueltos uno alrededor del otro, unidos al centro. Corte muchas rodajas con un cuchillo de hoja lisa.
3. Coloque las piezas en una bandeja para hornear cubierta con papel pergamino y hornee en un horno precalentado a 180 grados.
4. Cocine por unos 15 minutos o hasta que estén doradas. Levante las palmeritas de hojaldre de la sartén, déles la vuelta, déjelos enfriar y sirva.

Pasta al curry

Ingredientes

- 150 gr de pasta
- sal
- aceite de oliva
- 1 tomate
- 100 gr de atún escurrido
- 20 gr de curry

Preparación

1. Para preparar pasta al curry, primero debe hervir el agua para la pasta.
2. Luego agregue sal, derrita la sal y vierta la pasta.
3. Mientras tanto, en una sartén, ponga un poco de aceite de oliva virgen extra, luego dore el ajo previamente lavado y triturado. Cuando el ajo se haya puesto dorado, agregue el tomate lavado, privado de las semillas del agua interna y reducido a cubos.
4. Ahora todo está mezclado y también se agrega el atún escurrido. Finalmente, cocine por unos 2 minutos. Después del tiempo indicado, derrita el curry en medio vaso de agua para cocinar pasta.
5. Cocine y mezcle hasta obtener una mezcla cremosa.
6. Escurra la pasta y viértala en la sartén para condimentos.

Pasta con calabacín

Ingredientes

- ☒ 150 gr de pasta
- ☒ 2 calabacines
- ☒ 10 gr de mantequilla
- ☒ Sal
- ☒ 100 gr de gorgonzola

Preparación

1. Para hacer pasta con calabacín, primero debe hervir mucha agua con sal. Lavar, secar y cortar los calabacines en rodajas, y picar la cebolla. Caliente la mantequilla en una sartén grande, vierta la cebolla y deje que se seque, luego agregue el calabacín y cocine por unos minutos; Condimentar con sal y pimienta.

2. Cuando el agua esté hirviendo, vierta los espaguetis y, tan pronto como esté doblado, escúrralos con la ayuda de pinzas de cocina, cuidando de mantener el agua de cocción. Vierta el espagueti en la sartén con el calabacín y cubra con 3 cucharones de agua de cocción; corte el queso gorgonzola en cubos y póngalos a un lado. Cuando la pasta esté cocida y el agua esté completamente absorbida, agregue los cubos de Gorgonzola, cuidadosamente mezclados hasta que se forme una salsa aterciopelada y cremosa que envuelva los espaguetis; Si es necesario, mezcle con muy poca agua para cocinar. Sirva su pasta con calabacín tibio.

Día 2

Cocoa delight

Ingredientes

- 1 huevo
- 50 gr de suero
- Edulcorante
- 10 gr de avellanas
- 10 gr de coco triturado
- Cacao amargo

Preparación

1. Mezcle las claras de huevo, el suero y el edulcorante. La mezcla se vierte en una sartén antiadherente hasta que se forme una especie de tortilla o crepé (llámelo como desee).
2. Tome el crepé y espolvoree sobre las avellanas picadas y una parte del coco triturado.
3. Cierre su crepé con forma de abanico, espolvoree sobre el resto del coco triturado y espolvoree con el cacao amargo.

Ñoquis con gorgonzola

Ingredientes

- ☒ 100 gr de ñoquis
- ☒ 150 gr de gorgonzola
- ☒ Sal
- ☒ Aceite de oliva

Preparación

1. Para hacer ñoquis con gorgonzola, primero tendrá que cuidar el condimento. Tome una sartén antiadherente con lados altos y deje derretir la mantequilla. Una vez que la mantequilla se derrita, vierta el Gorgonzola en una sartén.
2. En este punto, deje cocinar los dos ingredientes a fuego lento para que se mezclen. Luego, continúe mezclando la leche. Mezclar todo. Luego sazone la salsa con sal y pimienta. Deje que la mezcla espese girando continuamente.
3. Al final, dedíquese a cocinar los ñoquis. Lleve el agua a ebullición, agregue sal y agregue una gota de aceite de oliva virgen extra.
4. Luego cocine los ñoquis. Cuando los ñoquis salgan a la superficie, escurrir.
5. Una vez escurrido, agregue los ñoquis en la salsa preparada. Sirve tus ñoquis calientes.

Queso Crema

Ingredientes

- 150 gr de gorgonzola
- 150 gr de queso mascarpone
- 10 nueces

Preparación

1. Para hacer el queso crema, mezcle bien el Gorgonzola a temperatura ambiente con el queso Mascarpone.
2. Pique la mitad de los granos de nueces, agréguelos a la mezcla y revuelva. Luego ponga la mezcla en un tazón pequeño, adornado con la parte restante de las nueces y colóquelo en la nevera para que descanse. Su queso crema será perfecto para untar en pan tostado o para servir con zanahorias, tallos de apio o calabacines finamente rebanados al gusto.

Día 3

Bocadillos Dulces

Ingredientes

- 100 gr de pasas
- 10 gr de mantequilla
- 1 huevo
- 1 cucharada de miel

Preparación

1. Suavizar las pasas en licor Cointreau durante unos 20 minutos.
2. Batir la mantequilla ablandada, luego agregar el huevo batido y la miel. Revuelva hasta que esté cremoso, luego agregue la harina y el polvo de hornear y trabaje hasta obtener una masa suave. Exprima las pasas y agréguelas a la mezcla. Con la masa obtenida, haga bolas de masa que colocará en una bandeja para hornear cubierta con hornos de papel, con cuidado de separar las bolas entre sí. Cocine las galletas sin azúcar a 170 grados durante 15 minutos. Déjelos enfriar antes de levantarlos de la sartén y sirva.

Sardinas

Ingredientes

- 100 gr de sardinas
- 1 cáscara de limón
- 1 limón
- Sal
- Perejil picado

Preparación

¿Cómo es mejor consumir sardinas para explotar plenamente sus propiedades nutricionales? Horneado con una pizca de cáscara de limón puede ser una alternativa útil y saludable a la versión frita más famosa, especialmente para un consumo más frecuente.

1. Condimente las sardinas retirando la cabeza hacia el vientre, para eliminar las entrañas y la columna central, luego páselos bajo el chorro de agua y déjelos escurrir en un colador. Séquelos bien con papel absorbente y colóquelas sobre una bandeja para horno en la que previamente haya agregado 1 cucharada de aceite.
2. Rallar la corteza de 1 limón sin tratar que sea directamente sobre las sardinas, agregar una pizca de sal y perejil picado. Agregue un poco del aceite restante y hornee a 200°C durante 20 minutos o hasta que se complete la cocción. Servir caliente.

Tostadas y frijoles

Ingredientes

- ☒ Pan
- ☒ Frijoles sin cáscara 100 gr
- ☒ 50 gr de queso
- ☒ Aceite de oliva
- ☒ Sal
- ☒ Pimienta

Preparación

1. Cortar el pan en cuadrados pequeños y tostarlo debajo de la parrilla. Mientras tanto, quite la cáscara a los frijoles (incluso su cáscara interna). Cortar el queso en cubos y ponerlos en una fuente grande para horno. Agregue todo el aceite de oliva extra virgen, sal y pimienta a su gusto y por último, antes de sentarse en la mesa, incluya los pequeños trocitos de pan.

Día 4

Bocadillo de Piña

Ingredientes

- ☒ 1 piña
- ☒ 1 limón
- ☒ Jengibre
- ☒ 100 gr de ricotta

Preparación

1. Corte las rodajas de piña en trozos pequeños, colóquelas en un recipiente con jugo de limón y jengibre, revuelva y deje al gusto
2. Mientras tanto, prepare la crema de ricota mientras trabaja con el azúcar glas y la cáscara de limón rallada.
3. Bata la crema y agréguela a la crema de ricota, luego agregar 2/3 del jarabe de piña. Mezcle suavemente la espuma hasta obtener una crema suave y homogénea. Pon una base de trozos de piña en cada tazón. Luego cubra con el mousse de ricota y piña.
4. Adorne cada tazón con unos trozos de piña, luego póngalo en la nevera para que se enfríe durante 1 hora antes de servir.

Crema de champiñones

Ingredientes

- ☒ 100 gr de champiñones porcini
- ☒ 10 gr de mantequilla
- ☒ 100 gr de harina
- ☒ Una pizca de sal
- ☒ Perejil picado

Preparación

1. Para hacer la crema de champiñones, primero debe lavar y limpiar los champiñones porcini.
2. Rebane y fría con la mantequilla. Luego espolvoree la mezcla con la harina y vierta 1 litro de agua.
3. En este punto, deje la preparación al fuego hasta que se forme una crema espesa (tomará unos 15 minutos).
4. Una vez obtenida una crema de la consistencia adecuada, agregue la crema, una pizca de sal y el perejil picado. Continúe cocinando el plato por unos minutos. Luego agregue un poco de Gorgonzola (la cantidad depende de su gusto y cuánto desea un plato más firme o más delicado).
5. Por último, sirva la sopa de champiñones sobre crutones tostados. Si lo desea, puede extender un velo de gorgonzola antes de servir.

Patrón de bocadillos con Queso

Ingredientes

- ☒ 4 tipos diferentes de queso
- ☒ 1 plato de cucharada de mermelada o mostaza

Preparación

1. Corte los quesos en tiras y colóquelos en un patrón radial en una placa plana. En el medio del plato 1 cucharada de cada mermelada y mostaza. Agregue la mostaza con el Gorgonzola y las mermeladas con los otros quesos.

Día 5

Magdalenas con verduras y queso

Ingredientes

- ☒ Diferentes verduras
- ☒ 2 huevos
- ☒ 100 gr de queso

Preparación

Un desayuno súper fácil bajo en carbohidratos es verduras, huevos, queso y magdalenas.

Así es como puede prepararlos.

1. Rocíe un molde para magdalenas con un poco de aceite. Revuelva los huevos con leche, queso y verduras Vierta un poco de mezcla en el molde para magdalenas. Hornee a 200 grados durante 20 minutos.

Ensalada de hinojo

Ingredientes

- ☒ 100 gr de yemas de hinojo
- ☒ 1 mozzarella
- ☒ Ajo
- ☒ Aceite de oliva
- ☒ Sal
- ☒ Vinagre
- ☒ Pimienta

Preparación

1. Para preparar la ensalada de hinojo, primero debe lavar, limpiar y reducir los brotes de hinojo a juliana, luego debe tomar el queso mozzarella y cortarlo en cubos.
2. Entonces dedíquese a los crutones. Tome los crutones y frótelos con los dientes de ajo previamente limpios. Frote las rodajas en los crutones hasta que se consuman por completo.
3. Una vez que esté listo, coloque los crutones en el fondo de una ensaladera grande. En este punto, vierta sobre él, poco a poco y lentamente, el aceite de oliva extra virgen y el vinagre. Una vez que se haya vertido el aceite de oliva extra virgen y el vinagre, deje que todo se absorba.
4. Así que únase a nosotros con el hinojo en juliana. Finalmente sazonar con sal y pimienta. Termine su ensalada rociándola con los cubitos de queso. Déjelo saborizar y sirva.

Ensalada Saludable

Ingredientes

- ☒ 100 gr de ensalada
- ☒ 100 gr de queso
- ☒ 100 gr de pan

Preparación

1. Limpiar y lavar la ensalada; tome un tipo de queso que le guste, córtelo en cubos y corte otro en tiras, colocándolas en el fondo de la ensaladera. Corta el pan en rodajas y frótelo con el diente de ajo. Agregue todo en la ensaladera, sazone y sirva.

Día 6

Rosquillas

Ingredientes

- 2 huevos
- 50 gr de azúcar
- 20 gr de aceite
- 1 paquete de levadura en polvo
- 100 gr de harina
- Esencia de vainilla

Preparación

1. Batir los huevos con el azúcar hasta obtener una mezcla espumosa. Agregue el aceite y luego el agua y la esencia de vainilla.
2. Mezcle la harina con el polvo de hornear y la cáscara de limón.
3. Agregue todo a la masa y continúe hasta obtener una mezcla homogénea.
4. Vierte la mezcla en un molde de rosquillas engrasadas.
5. Hornee las rosquillas a 180°C en un horno precalentado y cocine durante 40 minutos o hasta que el palillo no se humedezca al introducirlo en la masa.
6. Deje que las rosquillas se enfríen en el agua, luego dele la vuelta a un plato para servir y espolvoree con azúcar glas.

Lasaña con pesto

Ingredientes

- 100 gr de pesto
- Sal
- Pimienta
- Masa de lasaña
- Salsa bechamel
- 50 gr de parmesano

Preparación

1. Para hacer lasaña con pesto, primero debe traer un tazón y mezclar en su interior la salasa bechamel con pesto, sal y pimienta negra. Mezcle todo con un batidor para evitar la formación de grumos.
2. En este punto, vierta una pequeña cantidad de la mezcla recién preparada en el fondo de una sartén mediana o una fuente para hornear y coloque la lasaña en orden.
3. cubra la pasta con el pesto y la salsa bechamel
4. Vierta sobre la lasaña la salsa bechamel, coloque una capa de queso al gusto y, si lo desea, ponga un poco de queso parmesano rallado. Proceda de la misma manera hasta la última capa. Hornee a 160 ° y cocine en el horno hasta que la lasaña con pesto se dore un poco. Cuando esté cocinado, sirva el buen plato caliente.

Berenjenas a la parrilla

Ingredientes

- ☒ 150 gr de berenjenas
- ☒ 1 mozzarella
- ☒ 2 tomates

Preparación

1. Ase las berenjenas y sazona con sal y pimienta. Cortar el queso mozzarella en palitos y con las berenjenas hacer los rollitos con la mozzarella adentro. Cortar los tomates en gajos, sazonarlos y servir los rollos con los tomates en un plato para servir.

Día 7

Bocadillos de Manzana

Ingredientes

- ☒ Hojaldre
- ☒ 5 manzanas
- ☒ 100 gr de azúcar
- ☒ 50 gr de leche
- ☒ 20 gr de granos de almendras

Preparación

1. Cortar el hojaldre en 6 rectángulos. Pelar las manzanas y cortar en rodajas finas.
2. Acomode 6 rebanadas de manzana en el centro de cada rectángulo de hojaldre, superponiéndose ligeramente entre sí.
3. Derrita el azúcar en un tazón pequeño con la leche y con él cepille los bordes del hojaldre (si lo prefiere, también puede usar un huevo para cepillar el hojaldre)
4. Derrita la mermelada en una cacerola de fondo grueso y cepille la superficie de las manzanas con ella.
5. Cubra cada hojaldre de manzana con granos de almendras.
6. Hornee la pasta en un horno ya caliente y cocine a 180 grados durante unos 10 minutos.
7. Permita que las hojaldres de manzana se enfríen y sirvan.

Ravioles de ricotta y espinacas

Ingredientes

- ☒ 2 huevos
- ☒ 100 gr de ricotta
- ☒ 100 gr de espinacas
- ☒ Sal
- ☒ Pimienta
- ☒ 200 gr de harina

Preparación

1. Para hacer ravioles de ricotta y espinacas, primero debe tamizar la harina en la tabla de repostería, colocarla en una fuente y verter los huevos batidos dentro, una pizca de sal y una cucharada de agua tibia. Mezcle todo con la ayuda de un tenedor, luego continúe amasando los ingredientes durante al menos 10 minutos. La masa debe ser lisa y elástica.
2. Una vez listo, tome la masa dándole la forma de una bola y envuélvala en una lámina de película transparente para la comida. Déjelo reposar durante unos 60 minutos.
3. Mientras tanto, cuide el relleno: limpie y lave las espinacas. Luego cocine por unos minutos con solo el agua restante del lavado, luego escúrralos, exprímalos bien en sus manos, luego pique finamente con la media luna.
4. En este punto, viértalos en un tazón y agregue el queso ricotta, los huevos, la nuez moscada, la sal y la pimienta. Mezcle todo con cuidado hasta obtener una mezcla suave y homogénea.
5. Al final de la operación, divida la pasta preparada previamente en cuatro trozos y, utilizando la máquina

para extraer la masa, haga una tira delgada de cada uno. Luego, coloque en el lado largo de la tira pequeños montones de ricotta y espinacas del tamaño de una cereza (puede ayudar con una cucharadita). Colóquelos a una distancia de 4 centímetros entre sí. Una vez que se haya usado la tira de masa para colocar el relleno, proceda a doblar la aleta de pasta libre para cubrir bien las bolas de relleno. En este punto, presione con los dedos alrededor del relleno para dejar salir el aire y sellar bien los ravioles de ricotta y espinacas. Luego corte los ravioles con la rueda dentada y, cuando estén listos, colóquelos en un plato enharinado.

Aguacate Pasión

Ingredientes

- ☒ 1 aguacate
- ☒ 1 piña
- ☒ 100 gr de ricotta
- ☒ 1 cucharada de sal

Preparación

1. Limpie el aguacate, ábralo y córtelo en rodajas, dele la vuelta a la endivia y corte en rodajas finas la piña y el mango. Arregle las hojas de endivia en el fondo del plato de servir, en un patrón radial, luego superponga el aguacate y la piña. Cubra con una salsa preparada ablandando el queso ricotta con jugo de piña o agua y sal. Coloque las gambas precocidas y sin cáscara en el centro y sirva frío.

Conclusión

¡Felicidades! Y gracias por llegar hasta el final de este libro, esperamos que sea informativo y que pueda proporcionarle todas las herramientas que necesita para alcanzar sus objetivos, sean cuales sean.

La Dieta India Completa en español/ The Complete Indian Diet in Spanish:

Las mejores y más deliciosas recetas de la India

Introducción

Felicitaciones por comprar la dieta India completa: las mejores y más deliciosas recetas de la India.

Dentro de este libro, encontrará una variedad de deliciosas recetas indias que le permitirán cocinar sus platos Indias favoritos en casa. Todos amamos la cocina internacional, pero con la abundancia de libros de cocina en línea, puede ser difícil determinar qué libro se adapta mejor a sus necesidades. Bueno, está de suerte porque ha seleccionado el mejor libro de recetas de cocina de la India.

A pesar de la gran cantidad de libros disponibles sobre el mismo tema, ¡gracias por elegir este! Se hizo todo lo posible para garantizar que esté lleno de tanta información útil como sea posible. ¡Disfrútelo!

Capítulo 1: Chapatis calientes callejeros

Aloo Gobi

Ingredientes

- ☒ cilantro (1 cucharada), molido
- ☒ cúrcuma (0.25 cucharadita)
- ☒ agua (1 taza), dividida
- ☒ aceite de maní (2 cucharadas)
- ☒ chile serrano (1 grande)
- ☒ semillas de comino (1 cucharadita)
- ☒ coliflor de cabeza pequeña (1)
- ☒ patata pelirroja (1)
- ☒ sal kosher
- ☒ hojas de cilantro (2 cucharadas), recién picadas
- ☒ Pasta de ajo y jengibre (2 cucharadas) o jengibre (2 cucharaditas), rallado

Pasta de ajo y jengibre:

- ☒ dientes de ajo (0.50 taza),
- ☒ jengibre (0.50 taza) fresco,
- ☒ aceite de canola (0.25 taza)

Método de preparación

1. Mezcle su cúrcuma, pasta de ajo, jengibre, cilantro y la mitad del agua en un tazón. Esta mezcla crea un Masala (mezcla) simple y húmeda. Póngala a un lado para más tarde.
2. En una olla, caliente el aceite de maní a fuego medio-alto hasta que el aceite brille pero no esté humeando. Agregue una pizca de chile serrano y espere aproximadamente 30

segundos antes de agregar una pizca de semillas de comino.

3. Coloque su Masala mojada en la olla y cocine por 2 minutos, hasta que espese.

4. Luego, coloque las papas y la coliflor en la olla, revolviendo continuamente para que todos los vegetales estén cubiertos con Masala. Sazone su Masala agregando sal y la media taza de agua restante. Cubra la olla y continúe cocinando a fuego medio durante aproximadamente 10 a 15 min. Luego, retire la tapa y continúe cocinando hasta que las papas y la coliflor estén listas, revolviendo continuamente. Cinco minutos deberían ser suficiente para que se cocinen por completo.

5. Sirva en una fuente y adorne con un poco de cilantro para darle sabor.

Pasta de ajo y jengibre:

1. Mezcle el ajo, el jengibre y el aceite de canola en un mini procesador de alimentos. Mezcle, dejando que forme una pasta semi-lisa. Puede haber algunas piezas gruesas, pero en general, debe parecerse a una pasta.

2. Conservar la pasta en un pequeño frasco de vidrio sellado y refrigerar. En su refrigerador, la pasta se mantendrá durante aproximadamente 2 a 3 semanas. La pasta de ajo y jengibre es deliciosa con salsas para pasta, adobos, recetas de cocción lenta, salsas salteadas, etc.

Huevos Parsi

Ingredientes

- ☒ huevos (4)
- ☒ pimienta
- ☒ ajo (1 cucharadita)
- ☒ semillas de comino (1 cucharadita)
- ☒ cilantro (1 cucharada)
- ☒ patatas (3) en rodajas
- ☒ aceite (2-3 cucharadas)
- ☒ chile verde (1)
- ☒ cebollas (2)
- ☒ sal
- ☒ agua

Método de preparación

1. Caliente un chorrito de aceite y una pizca de semillas de comino en una sartén hasta que chisporrotee.
2. Caliente las cebollas, el chile verde y el ajo hasta que se ablanden, luego agregue las papas en rodajas y continúe cocinando durante aproximadamente 5 minutos.
3. Vierta suficiente agua para cubrir el fondo de la olla. Cubra y cocine a fuego lento. Las papas estarán tiernas cuando estén listas. Mezcle el cilantro para darle sabor.
4. Mezcle bien el contenido de la olla. Haga cuatro hendiduras en la mezcla y luego rompa un huevo en cada hendidura individual como los pondría en una canasta para huevos.
5. Cubra la olla y continúe cocinando hasta que todos los huevos se hayan endurecido. Divida en cuatro y sirva una porción de harina de huevo con pan y ensalada. Los Huevos Parsi son una deliciosa comida.

Panch Phoron (condimento)

Ingredientes

- ☒ semillas de cebolla (5 cucharaditas)
- ☒ semillas de hinojo (5 cucharaditas)
- ☒ semillas de comino (5 cucharaditas)
- ☒ semillas de fenogreco (5 cucharaditas)
- ☒ semillas de mostaza (5 cucharaditas)

Método de preparación

1. Comience mezclando todos los ingredientes. Mantenga la mezcla Panch Phoron en un recipiente hermético y guárdela en el refrigerador. Panch Phoron es un condimento perfecto al estilo indio para todos sus platos indios favoritos.

Capítulo 2: Complementos

Langostinos fritos de Kerala

Ingredientes

- ☒ langostinos frescos (200 g), pelados
- ☒ hojas de curry (8-10)
- ☒ polvo de cúrcuma (2 cucharaditas), dividido
- ☒ semillas de mostaza (1 cucharadita)
- ☒ pimienta (1 cucharadita)
- ☒ aceite de coco (4 cucharadas)
- ☒ chile en polvo (1 cucharadita)

Decoración:

- ☒ cebolla pequeña (1), cortada en aros
- ☒ chiles rojos (1 cucharadita) picados
- ☒ limón (1)
- ☒ hojas de cilantro (1), picadas

Método de preparación

1. Caliente una cacerola a fuego medio-alto. Agregue 2 cucharadas de aceite de coco seguido de los langostinos, sal, pimienta y cúrcuma. Sofría para que las especias cubran los langostinos durante 2 a 2.5 minutos, hasta que el recubrimiento esté crujiente. Agregue un poco de agua para evitar quemar las especias. Dejar de lado.

2. En una sartén, haga una mezcla de Masala mezclando las semillas de mostaza, la pimienta, el aceite de coco restante, las hojas de curry, la cúrcuma, la sal y el chile en polvo. Sofría hasta que se mezcle.

3. Una vez que la masala esté lista, mezcle los langostinos y fría continuamente durante unos 5 minutos, hasta que estén dorados. Dejar de lado.
4. Prepare la guarnición: devuelva un poco de aceite de cocina a la sartén y agregue los aros de cebolla y los chiles rojos picados. Esto debería darle un buen sabor indio. Sofría hasta que las cebollas estén doradas.
5. Decore sus langostinos con la cebolla y los chiles salteados, el jugo de limón y las hojas de cilantro picadas.

Gobi Matar Ki Sabzi (Guisado de Vegetales)

Ingredientes

- polvo de cúrcuma (0.50 cucharadita)
- coliflor (360 g)
- aceite vegetal (1 cucharada)

Para el sabzi:

- puré de tomate (2 cucharadas)
- polvo de garam masala (1 cucharadita)
- cebolla blanca (110gms), rallada
- aceite vegetal (3 cucharadas)
- polvo de cúrcuma (0.50 cucharadita)
- ajo (5 dientes), machacado para pegar
- guisantes verdes congelados (85gms)
- Chile en polvo de Cachemira (1 cucharadita)
- jengibre (2 pulgadas), triturado para pegar
- cilantro (1 cucharada), picado
- passata de tomate (1.5 tazas)
- sal al gusto

Método de preparación

1. Caliente su horno a una temperatura de 200°C. Tome una bandeja para hornear y cubra con papel de aluminio. Agregue la coliflor a un tazón. Mientras tanto, mezcle el aceite y la cúrcuma en polvo y luego agréguelos al tazón, cubriendo la coliflor. Coloque la coliflor en la bandeja para hornear y hornee por 15 min.
2. Comience a cocinar el sabzi en una cacerola con aceite caliente a fuego medio. Agregue su jengibre, ajo y cebolla.

Revuelva bien para mezclar los sabores y continúe cocinando durante 1 minuto.

3. A continuación, agregue la cúrcuma en polvo y el chile en polvo a la sartén. Fría la pasta y agregue la passata con el puré. Cocine por 7 a 8 min. hasta que el aceite comience a separarse.

4. Baje el fuego a bajo y sazone al gusto deseado. Agregue la coliflor al horno y los guisantes verdes a la sartén. Revuelva bien los ingredientes, cubriendo las piezas en la salsa de tomate. Cubra la sartén y deje hervir a fuego lento durante 2 minutos.

6. Retire la sartén del fuego y agregue garam masala con un poco de cilantro fresco. Mejor si lo sirve con rotis (pan indio) y raita.

Chuletas de Cordero Frito Parsi

Ingredientes

- ☒ huevos (2)
- ☒ pierna de cordero (1/3 kg), picada
- ☒ garam masala (0.50 cucharadita)
- ☒ sal al gusto
- ☒ cebolla blanca (50 g) finamente picada
- ☒ pizca de pan rallado
- ☒ ajo (4), dientes, molidos en una pasta
- ☒ jengibre (1 pulgada), molido en una pasta
- ☒ chiles ojo de pájaro (2)
- ☒ hojas de cilantro (2 cucharadas), finamente picadas
- ☒ hojas de menta (2 cucharadas), finamente picadas
- ☒ pan (1), rebanada
- ☒ Aceite para freír

Método de preparación

1. Agregue el cordero picado a un tazón para mezclar y amase durante unos 4 o 5 minutos. Complete el keema agregando el garam masala, el cilantro, la cebolla picada, la pasta de ajo, la pasta de jengibre, la sal, la pasta de chile y la menta en un tazón, mezcle hasta que estén bien mezclados. Cuando termine, reserve para marinar durante al menos una hora o durante la noche.
2. Remoje el pan en un poco de agua durante 5 minutos. Luego, exprima el agua y proceda a partir el pan en trozos pequeños, colocándolos en el keema marinado.
3. Mezcle el pan y el keema juntos hasta que no haya grumos visibles. El pan funcionará como agente aglutinante para las chuletas.

4. En una sartén, caliente el aceite a fuego medio. Divida las chuletas en 12 piezas individuales. Rompa los huevos y colóquelos en un tazón. Con sus migas de pan en un tazón y sus huevos en un tazón separado, proceda a cubrir ligeramente las chuletas. Comience con las migas de pan y luego los huevos, creando una costra.

5. Coloque sus chuletas recubiertas en la fritura. Cocine sus chuletas de keema durante 3 o 4 minutos por cada lado. Drene el aceite de las chuletas colocándolas sobre una toalla de papel. Sirva sus chuletas con un poco de chutney (especia) y pan naan.

Roasted Moong Dal with Spinach (Frijol Mungo asado con espinacas)

Ingredientes

- ☒ piel de frijo mungo (1 taza)
- ☒ aceite vegetal (1 cucharada)
- ☒ chiles rojos o verdes calientes (2)
- ☒ sal (1 cucharadita)
- ☒ cúrcuma molida (0.50 cucharadita)
- ☒ semillas de comino (0.50 cucharaditas)
- ☒ espinacas (350 g)
- ☒ hoja de laurel (1)
- ☒ chile rojo en polvo (0.50 cucharadita)

Método de preparación

1. Usando un paño de cocina, frote su Dal para eliminar el polvo. Caliente el aceite en una sartén a fuego medio-bajo.
2. Una vez que la sartén se calienta correctamente, coloque el Dal en la sartén. Permita que el Dal se tueste, mientras revuelve para evitar que se pegue. Los granos de Dal deberían volverse de color rojo dorado cuando terminen.
3. Luego, usando un tazón, enjuague su Dal asado y lávelo durante varios minutos. Drene el Dal de toda su humedad y colóquelo de vuelta en la sartén.
4. Agregue un poco de cúrcuma, laurel y ¼ de taza de agua. Revuelva hasta que todos los ingredientes estén mezclados. Cubra la sartén parcialmente con una tapa y permita que el Dal hierva a fuego lento. Cocine suavemente mientras deja escapar el vapor, esto debería tomar 1 hora, momento en el cual los granos deben estar tiernos.

5. Ahora, agregue la espinaca, la sal, el chile rojo en polvo y 1/3 de taza de agua en la sartén. Mientras hierve a fuego lento, continúe revolviendo los ingredientes. Cubra la sartén y continúe cocinando a fuego lento durante 30 minutos.
6. Coloque los vegetales restantes en la sartén y deje hervir a fuego lento. Condimente con algunas semillas de comino. Las semillas de comino se reventarán y chisporrotearán mientras se cocinan. Agregue los chiles rojos y verdes junto con el Dal asado en la sartén, permitiendo que se cocinen durante unos minutos más. Revuelva una vez para mezclarlo todo. Sirva su Dal en platos individuales.

Papas y guisantes en salsa de yogurt

Ingredientes

- ☒ sal (1 cucharadita)
- ☒ guisantes sin cáscara (1 taza)
- ☒ chiles verdes (1-2)
- ☒ jengibre (1 pulgada)
- ☒ cúrcuma (0.125 cucharaditas)
- ☒ aceite vegetal (3 cucharadas)
- ☒ papas medianas (3)
- ☒ semillas de mostaza negra (0.50 cucharadita)
- ☒ azúcar (0.25 cucharadita)
- ☒ semillas de comino (0.50 cucharaditas)
- ☒ yogur (1.25 tazas)
- ☒ harina de garbanzos (2 cucharadas más 1 cucharadita)

Método de preparación

1. Comience cortando en dados su jengibre.

2. Luego, cocine el jengibre junto con las semillas de mostaza, las semillas de comino, el jengibre y los chiles verdes en una olla con aceite.
3. Luego, coloque las papas y la cúrcuma en la olla. Lleve a fuego lento y cocine de 6 a 8 minutos.
4. Coloque un poco de yogurt en un tazón y bata hasta que esté suave. Agregue agua, según sea necesario, si la mezcla se vuelve demasiado espesa. Coloque la harina de garbanzos con el yogur y revuelva hasta que no haya más grumos. Sazone con una pizca de sal y azúcar.
5. Mezcle los guisantes y la sal, con su harina de yogur y garbanzos y cocine a fuego medio durante 2 a 3 minutos, revolviendo con frecuencia. Una vez que los ingredientes alcancen el fuego medio, baje la temperatura a baja y deje hervir a fuego lento durante 2 minutos más.

Capítulo 3: Curry y pudines

Curry de Pollo Dhansak

Ingredientes

- ☒ tomates enlatados (1.75 tazas)
- ☒ hojas de laurel (2)
- ☒ cebollas (2)
- ☒ caldo de pollo (2.5 tazas)
- ☒ spray de cocina
- ☒ muslos de pollo (6-8)
- ☒ chile en polvo (0,50 cucharaditas)
- ☒ lentejas rojas divididas (100 g)
- ☒ dientes de ajo (2)
- ☒ arroz de grano largo (200 g)
- ☒ jengibre (20 g)
- ☒ garam masala (2 cucharaditas)

Para servir

- ☒ hojas de cilantro (1 cucharada)
- ☒ yogur (155 g)

Método de preparación

1. Usando un aceite para cocinar, cubra la sartén y caliéntela a temperatura media. Una vez que la sartén se calienta, cocine las cebollas, durante 5 minutos.
2. Usando una tabla de cortar y un cuchillo, corte los muslos de pollo en dos pedazos. Cocine el pollo por 2 minutos, volteándolo para asegurarse de que ambos lados estén cocidos. Luego, agregue una pizca de ajo, garam masala,

jengibre y chile en polvo. Continúe cocinando por un par de segundos, asegurándose de revolver constantemente.

3. Luego, agregue los tomates, las lentejas, el caldo de pollo y las hojas de laurel en una sartén caliente. Deje que los ingredientes hiervan, luego cubra sin apretar con una tapa. Baje la temperatura y continúe cocinando a fuego lento durante 35 minutos.

4. Cuando falten 25 minutos, hierva un poco de agua. Coloque el arroz en el agua hirviendo. Una vez que el arroz esté listo, drene el arroz para eliminar toda la humedad.

5. Sazone su curry a su gusto. Sirva sobre el arroz y cúbralo con una mezcla de yogurt y cilantro.

Rajasthani Papads Ki Sabji

Ingredientes

- papadam asados / poppadum (4)
- aceite vegetal (3 cucharadas)
- chile en polvo cachemira (1 cucharadita)
- semillas de comino (0.50 cucharaditas)
- asafetida (1), pellizco
- sal
- dientes de ajo (4), picados
- polvo de cilantro (1 cucharada)
- jengibre (1 pulgada), picado
- chile verde (1)
- cilantro
- tomate (100 g)
- puré de tomate (1 cucharada)
- polvo de cúrcuma (1 cucharadita)
- yogur griego (250 g
- agua (300 ml)
- kachori meshi / hojas secas de fenogreco (2 cucharadas)

Método de preparación

1. En una licuadora, agregue una pizca de ajo, chiles verdes, jengibre y un chorrito de agua. Mezclar en una pasta fina. Vierta la pasta en un tazón y reserve. Licúe los tomates con el puré de tomate, haciendo otra pasta. Ponga a un lado en otro tazón.

2. A fuego lento, caliente un poco de aceite de cocina en una sartén. Coloque su comino y asafetida en la sartén, permitiendo que se fríen durante unos segundos. Luego, coloque una pizca de jengibre y ajo en su sartén, permitiendo que se fríen durante 20 segundos. Luego,

agregue el puré de tomate mezclado y continúe cocinando durante 6 minutos. Mientras revuelve, agregue las especias y continúe freír durante 1 minuto.

3. Coloque un poco de yogurt en la sartén y revuelva mientras cocina. Continúe cocinando a la temperatura más baja, durante 3 o 4 minutos, revolviendo con frecuencia. Agregue un poco de agua y sazone al gusto. Agregue el fenogreco y los papadam asados y cocine a fuego lento durante 6 a 8 minutos. Cubra la sartén y continúe cocinando durante 2 minutos a fuego lento.

4. Decorar con cilantro, pan roti y arroz, antes de servir.

Curry de huevo con especias Andhra

Ingredientes

- huevos (3), hervidos
- agua (100 ml)
- hojas de curry (8-10)
- concentrado de tamarindo (1 cucharadita)
- aceite vegetal (2 cucharadas)
- leche de coco (50 ml)
- jengibre (1 pulgada), en rodajas
- sal
- semillas de mostaza (1 cucharadita)
- chile en polvo cachemira (1 cucharadita)
- polvo de cilantro (1 cucharadita)
- polvo de cúrcuma (0.50 cucharadita)
- cebolla mediana (1)
- tomates (2) picados
- canela (1)
- chiles verdes (2)

Método de preparación

1. Caliente el aceite en su sartén a fuego medio. A continuación, agregue semillas de mostaza y cebolla. Freír por 5 o 7 minutos. Coloque una ramita de canela junto con algunos chiles verdes en la sartén, y continúe friendo durante unos minutos más.
2. Agregue los tomates picados a la sartén y continúe cocinando por 5 minutos. Revuelva con frecuencia mientras cocina para evitar que los ingredientes se peguen a la sartén.
3. A continuación, agregue rodajas de jengibre y fría hasta que estén fragantes. Luego, espolvoree una pizca de las especias en polvo, revolviendo para mezclar durante unos minutos.

4. Luego, agregue su concentrado de tamarindo junto con 50 ml de leche de coco. Una vez a fuego lento, agregue suavemente los huevos duros y las hojas de curry.
5. Permita que sus huevos se remojen en la leche y las especias durante 2 a 3 minutos. Tenga cuidado de no romper los huevos. Usando cilantro para decorar, sazone los huevos antes de servir. Sirva sus doksas suaves sobre un poco de arroz simple.

Saag de Queso Paneer

Ingredientes

- ☒ cúrcuma (1 cucharadita)
- ☒ chile serrano verde grande (1),
- ☒ cayena (0.50 cucharadita)
- ☒ yogur natural (0.50 taza)
- ☒ cilantro (2 cucharaditas), molido
- ☒ sal
- ☒ jengibre (1 pulgada)
- ☒ comino (1 cucharadita), molido
- ☒ aceite vegetal (3 cucharadas más 1.50 cucharadas)
- ☒ dientes de ajo (4)
- ☒ garam masala (0.50 cucharadita)
- ☒ queso paneer (340 g)
- ☒ espinacas picadas congeladas (1 paquete de 16 onzas)
- ☒ cebolla blanca mediana (1)

Método de preparación

1. En un tazón, bata suavemente la cayena, la cúrcuma, una cucharadita de sal y 3 cucharadas de aceite. Coloque cuidadosamente el paneer en un tazón y revuelva para cubrir uniformemente con el condimento. Si usa paneer hecho a mano, tenga cuidado de no romperlos mientras lo tira. Deja que cada cubo se marine en el tazón, mientras prepara el resto de los ingredientes.
2. Descongele las espinacas en un plato apto para microondas durante 5 minutos a temperatura alta. Luego, usando un procesador de alimentos, haga puré de espinacas hasta que quede suave.
3. Coloque una cacerola engrasada a fuego medio. Agregue su queso paneer mientras la cacerola se calienta. Permita

que el paneer se dore por un lado. Continúe friendo el paneer durante 1 minuto, retírelo del fuego y póngalo en el plato.

4. Agregue el aceite restante a la cacerola y lleve el fuego a medio. Agregue el ajo, la cebolla, el chile y el jengibre a la cacerola. Continúe salteando la mezcla hasta que tenga color caramelo, aproximadamente 15 minutos.

5. Una vez que los ingredientes de la cacerola estén listos, agregue el garam masala, el cilantro y el comino. Use agua para evitar quemaduras. Cocine los ingredientes, mientras revuelve, hasta que las especias estén fragantes, aproximadamente de 3 a 5 minutos.

6. Ahora, agregue la mezcla de espinacas y cebolla con especias. Revuelva hasta mezclar. Use sal y ½ taza de agua para evitar que se pegue. Continúe revolviendo mientras cocina por 5 minutos más, sin tapa.

7. Retire la cacerola del fuego. Agregue el yogurt en pequeños lotes para evitar cuajar. Una vez que el yogur se mezcle con las espinacas, agregue el paneer cocido. Vuelva a colocar la tapa y vuelva a colocar la cacerola en la estufa para continuar cocinando. Asegúrese de que todos los ingredientes estén calientes, durante 5 minutos. Servir cuando esté listo.

Paneer (Queso de la India)

- ☒ jugo de limón (0.25 taza), recién exprimido
- ☒ leche entera (8 tazas)

Método de preparación

1. Forre su colador con dos capas de tela de queso (o doble una tela de queso grande por la mitad). Coloque el colador en el fregadero.
2. En una olla calentada a fuego medio, hierva la leche suavemente, revolviendo frecuentemente para evitar quemar la leche.
3. Agregue jugo de limón a la olla. Reduzca el fuego a bajo y deje hervir a fuego lento. Continúe revolviendo suavemente los ingredientes asegurándose de que no se quemen. Debería cuajarse y el suero comenzar a formarse y separarse.
4. Retire la olla del fuego y vierta cuidadosamente el contenido en el colador forrado con tela de queso para drenar. Usando agua fría del grifo, enjuague suavemente el sabor a limón del queso.
5. Exprima el líquido, asegurándose de que el queso esté libre de toda humedad. Haga esto doblando una tela de queso sobre el queso, agarrando cada extremo de la tela y girándola en una bola. Esto exprimirá cualquier suero del queso. Ate su tela de queso al grifo y permita que el queso se drene, durante 5 minutos.
6. Continúe girando la bola en un bloque de queso compacto. Luego, colóquelo en un plato. Usando otro plato, cubra el bloque de queso y aplique presión para liberar toda la humedad restante del queso. Refrigere y deje enfriar cuando haya terminado. Servir con miel y nueces.

Garam Masala caliente:

- ☒ vainas grandes de cardamomo negro (4)
- ☒ palitos de canela grandes (3)
- ☒ vainas de cardamomo verde (0.25 taza)
- ☒ clavos (3 cucharadas), enteros

Método de preparación

1. Usando un molinillo de especias o un molinillo de café, muele todas las especias en una mezcla fina. Una vez mezclado, guarde la mezcla de especias en un recipiente hermético, lejos de la luz solar directa.

Kashmiri Rajma Masala

Ingredientes

- ☒ frijol rojo (2 latas)
- ☒ Pasta de ajo y jengibre (2 cucharaditas)
- ☒ aceite vegetal (3 cucharadas)
- ☒ asafetida (1 pizca)
- ☒ vainas de cardamomo negro (4)
- ☒ polvo de hinojo (2 cucharaditas)
- ☒ canela (2 pulgadas)
- ☒ cebolla blanca (0.50 taza), finamente picada
- ☒ puré de tomate (2 cucharadas)
- ☒ jengibre en polvo (2 cucharaditas)
- ☒ chile en polvo suave (0.50 cucharadita)
- ☒ agua (300 ml)
- ☒ sal al gusto
- ☒ puñado de cilantro

Método de preparación

1. Usando una sartén antiadherente, caliente el aceite a fuego lento. Coloque el cardamomo negro y la canela en la sartén. Freír por 2 minutos. Combine su Pasta de ajo y jengibre con otros ingredientes en la sartén y fría por 30 segundos. Eleve el fuego a medio y agregue las cebollas picadas, cocinando durante 15 a 17 minutos hasta que estén ligeramente doradas. Continúe revolviendo con frecuencia.

2. Una vez que haya dorado las cebollas, agregue el puré de tomate y continúe friendo durante 2 minutos. Luego, agregue los frijoles, jengibre, chile, hinojo y asafetida, revolviendo continuamente durante 1 minuto. Agregue un poco de agua y sazone al gusto.

3. Cubra su sartén y caliente a baja temperatura durante 17 a 18 minutos. Use el dorso de una cuchara para machacar los frijoles. Decore con cilantro y sirva la comida con papas y arroz.

Sindhi Seyal Gosht

Ingredientes

- ☒ tomates (0,75 tazas), picados
- ☒ pierna de cordero (1 kg), picada en cubos
- ☒ yogur griego (170 g)
- ☒ clavo (6)
- ☒ dientes de ajo (8), finamente picados
- ☒ aceite vegetal (3 cucharadas)
- ☒ cardamomo negro (3), entero
- ☒ chiles verdes pequeños (2)
- ☒ jengibre (1 pulgada), finamente picado
- ☒ cebolla blanca (1.50 tazas), picada
- ☒ canela en rama (1.50"), partida por la mitad
- ☒ polvo de cilantro (2 cucharaditas colmadas)
- ☒ comino en polvo (1 cucharadita)
- ☒ polvo de cardamomo verde (0.50 cucharadita)
- ☒ chiles verdes (2), divididos longitudinalmente
- ☒ chile en polvo suave (0.50 cucharadita)
- ☒ polvo de cúrcuma (1 pizca)
- ☒ semillas de alcaravea (1 cucharadita), molida gruesa
- ☒ cilantro fresco
- ☒ sal al gusto

Método de preparación

1. Agregue el cordero picado a un tazón para mezclar. Ahorre 2 cucharadas de yogurt y mezcle el resto con el cordero.
2. Combine las 2 cucharadas de yogurt junto con los chiles y el cilantro en la licuadora y pulse hasta obtener una pasta fina. Vierta el contenido de la licuadora sobre el cordero y mezcle. Deje marinar el cordero durante la noche en la nevera.
3. A continuación, agregue las cebollas a la licuadora y, con agua, haga una pasta. Ponga a un lado. Luego, haga puré los tomates.
4. En una cacerola, caliente un poco de aceite a fuego medio. Coloque el cardamomo negro, la canela y el clavo en la sartén. Permita que las especias chisporroteen durante 2 a 3 segundos. Luego, agregue la pasta de cebolla y fría durante 12 a 15 minutos. Revuelva con frecuencia para evitar que se pegue.
5. Agregue el jengibre picado y el ajo a la cacerola y fríalos por 2 minutos. Luego, agregue el cilantro, el comino, la cúrcuma y el chile en polvo. Freír por 1 minuto. Revuelva para evitar que los ingredientes se peguen a los lados de la sartén. Agregue puré de tomates y cocine por 5 minutos. Agregue el cordero marinado y las sobras de la marinada. Cocine a fuego de medio a alto, cortando los trozos de cordero durante 7 a 8 minutos. Sazone al gusto.
6. A fuego lento, revuelva para mezclar todas las especias con el cordero. Cubra la sartén y continúe cocinando el Seyal Gosht por 45 minutos. Revuelva ocasionalmente para evitar que se pegue. Luego, agregue el polvo de cardamomo y las semillas de alcaravea. Continúe cocinando tapado a fuego lento durante 10 minutos. Decorar con cilantro fresco y chiles verdes. Servir con pan chapati, arroz pilaf y ensalada.

Pongala: papilla de coco dulce indio

Ingredientes

- ☒ arroz kerala matta (1 taza),
- ☒ cardamomo (2 cucharaditas), recién molido
- ☒ plátano maduro (1), en rodajas
- ☒ Azúcar de la India jaggery (0,75 taza)
- ☒ pasas (2 cucharadas)
- ☒ anacardos (2 cucharadas), tostados y picados
- ☒ ghee, mantequilla clarificada (3 cucharadas)
- ☒ coco (1 taza), recién rallado

Método de preparación

1. Enjuague y remoje el arroz. Luego, hierva una olla con 5 tazas de agua. Coloque el arroz en el agua hirviendo y deje cocinar hasta que el agua casi hierva durante unos 5 minutos. Reduzca el fuego a bajo, revolviendo a fuego lento durante 15 minutos.

2. Cubra parcialmente la olla y deje hervir a fuego lento durante otros 15 minutos. Luego, agregue 2 tazas de agua, revolviendo para evitar que el arroz se pegue a la olla. Con la olla parcialmente cubierta, continúe cocinando el arroz hasta que esté tierno y casi cocido. El agua debe absorberse principalmente en este punto, aproximadamente de 20 a 25 minutos.

3. Vierta el azúcar moreno, revolviendo para disolver, aproximadamente 3 minutos. Agregue su cardamomo, coco y manteca, mezclando bien. Sirva en tazones separados y use anacardos, pasas o plátanos para decorar.

Capítulo 4: Platos de Vegetales con Arroz

Pollo Tandoori

Ingredientes

- ☒ muslos de pollo sin piel (1 kg), deshuesados
- ☒ dientes de ajo (3)
- ☒ cilantro picado (2 cucharadas)
- ☒ pimentón picante (1.75 cucharaditas)
- ☒ limón (1), jugo
- ☒ sal kosher
- ☒ yogur natural (0.50 taza más 2 cucharadas)
- ☒ aceite vegetal (1 cucharada)
- ☒ mitad de cebolla roja pequeña, picada
- ☒ pasta de tomate (4 cucharaditas)
- ☒ cilantro (2 cucharaditas), molido
- ☒ comino (1.50 cucharadita) en polvo.
- ☒ jengibre (2 pulgadas), pelado y picado

Método de preparación

1. Precaliente su asador. Agarre los muslos de pollo y colóquelos en un tazón. Agregue el jugo de limón y la sal en el tazón y revuelva.
2. Cree una pasta con 2 cucharadas de yogurt, cilantro, pasta de tomate, aceite vegetal, 1.50 cucharaditas de pimentón, cebolla, jengibre, ajo, comino y 1/2 cucharadita de sal en su procesador de alimentos. Mezcle el pollo con esta pasta y marine por 15 minutos.
3. Forre una asadera con papel aluminio y coloque el pollo en la sartén. Ase el pollo. Voltee los trozos de pollo para garantizar una cocción pareja. El pollo debe estar ligeramente

carbonizado y su termómetro para carne debe registrar, 165 ° F, aproximadamente de 5 a 6 minutos por lado.

4. Mientras tanto, combine el pimentón restante, el yogur, el cilantro y la sal en un recipiente aparte. Cuando el pollo esté listo, cubra con la salsa de yogurt y sirva encima del arroz.

Champiñones con Hinojo y Jengibre

Ingredientes

- ☒ jengibre molido (0.25 cucharadita)
- ☒ champiñones (30 g)
- ☒ polvo de cúrcuma (0.25 cucharadita)
- ☒ chile rojo en polvo (0.25 cucharadita)
- ☒ aceite vegetal (4 cucharadas)
- ☒ sal (0.50 cucharadita)
- ☒ tomates pequeños (170 g)
- ☒ semillas de hinojo molidas (0.25 cucharaditas)

Método de preparación

1. Limpie los champiñones con un paño húmedo y luego córtelos en rodajas de ¼ de pulgada.
2. Agregue aceite a una sartén a fuego medio-alto. Cuando el aceite esté caliente, coloque los champiñones en la sartén y saltee por 2 minutos.
3. Agregue los ingredientes restantes en la sartén, revolviendo con frecuencia, hasta que los tomates se hayan ablandado.

Okra Rellena

Ingredientes

- ☒ pimienta negra, recién molida
- ☒ semillas de comino (1 cucharada), molidas
- ☒ cebolla pequeña (1), pelada
- ☒ chile rojo en polvo (0.25 cucharadita)
- ☒ okra fresca (350 g)
- ☒ semillas de cilantro (1 cucharada), recién molidas
- ☒ sal (0.50 cucharadita)
- ☒ aceite vegetal (6 cucharadas)
- ☒ polvo de amchur – mango en polvo (1 cucharada) o jugo de limón (2 cucharaditas)

Método de preparación

1. Comience enjuagando la okra. Seque y recorte los bordes con un cuchillo o tijeras de cocina.
2. Prepare el relleno mezclando cilantro, aceite vegetal, chile en polvo, sal, comino y pimienta negra.
3. Usando un cuchillo, corte un lado de la okra en el centro, a 1/4 de pulgada de cada extremo. No perforar a través de la vaina de la okra. Tome la mezcla de relleno y llene las vainas de okra.
4. Lleve una sartén engrasada a fuego medio-alto. Agregue las cebollas a la sartén, revolviendo con frecuencia hasta que se doren. Una vez que las cebollas estén doradas, agregue su Okra Rellena. Continúe cocinando la okra, descubierta, a fuego medio-bajo. Gire el Okra Rellena, después de 15 minutos, para dorar ligeramente todos los lados.

Keema Aloo (carne molida y papas)

Ingredientes

- ☒ cilantro fresco (2 cucharaditas), picado
- ☒ carne molida magra (1 kg)
- ☒ aceite de oliva virgen extra (2 cucharadas)
- ☒ chile serrano (1), finamente picado
- ☒ cebolla española extra grande (1), picada
- ☒ garam masala (1 cucharadita)
- ☒ cúrcuma molida (1 cucharadita),
- ☒ tomates cortados en cubitos (1 lata de 28 onzas)
- ☒ dientes de ajo (4), picados
- ☒ cilantro molido (1 cucharada)
- ☒ papas (3) peladas y cortadas en cubitos
- ☒ jengibre (2 cucharadas), rallado
- ☒ pimienta de cayena molida (1 cucharadita)
- ☒ sal (1.50 cucharadita)
- ☒ comino molido (1.50 cucharadita)
- ☒ guisantes verdes congelados (1 taza)
- ☒ agua (2 cucharadas), opcional

Método de preparación

1. Vierta el aceite de oliva en una cacerola a fuego medio-alto. Agregue las cebollas al aceite caliente, cocinando hasta que se ablanden, aproximadamente 12 minutos. En este momento, deberían comenzar a dorarse. Use agua para evitar que se peguen a la cacerola.
2. Luego, agregue el chile serrano, carne molida, jengibre, ajo y cilantro, mezclando bien. Continúe cocinando durante 15 minutos, revolviendo con frecuencia. La carne se debe dorar cuando esté lista.

3. Reduzca la temperatura a fuego medio-bajo y continúe mezclando los sabores del cilantro, la pimienta de cayena, la sal, el comino y la cúrcuma con la carne durante 5 minutos más.

4. Luego, agregue los tomates y las papas a la cacerola. Cubra la cacerola y deje hervir a fuego lento hasta que el contenido esté tierno, aproximadamente 15 minutos.

5. Finalmente, agregue los guisantes verdes congelados y continúe cocinando mientras la salsa en la sartén se espesa, aproximadamente 10 a 15 minutos, momento en el cual los sabores deben mezclarse bien. Coloque el garam masala en la cacerola. Cubra la sartén y deje reposar durante 5 minutos, permitiendo que todos los sabores se mezclen bien.

7. Servir caliente y disfrutar.

Dal Makhana (lentejas indias)

Ingredientes

- ☒ pasta de ajo (1.50 cucharadas)
- ☒ aceite vegetal (2 cucharadas)
- ☒ pimienta de cayena (1 pizca)
- ☒ semillas de comino (1 cucharada)
- ☒ hojas de laurel (4)
- ☒ lentejas (1 taza)
- ☒ frijoles secos (0.25 taza)
- ☒ vainas de cardamomo (4)
- ☒ pasta de jengibre (1.50 cucharadas)
- ☒ agua (5 tazas)
- ☒ canela (1), rota
- ☒ cúrcuma molida (0.50 cucharadita)
- ☒ sal (2 cucharadas)
- ☒ puré de tomate en lata (1 taza)
- ☒ dientes enteros (6)
- ☒ mantequilla (1/2 barra)
- ☒ cilantro molido (2 cucharadas)
- ☒ crema (0.50 taza)
- ☒ chile en polvo (1 cucharada)
- ☒ hojas secas de fenogreco (2 cucharadas)

Método de preparación

1. Comience remojando las lentejas y los frijoles en un recipiente con agua. Idealmente, deben remojarse durante la noche. Una vez que esté listo para ellos, drene el agua.
2. Usando una olla con 5 tazas de agua, agregue las lentejas, los frijoles y la sal y lleve a fuego medio. Cocine por 1 hora,

revolviendo ocasionalmente. Retire la olla del fuego, deje reposar y reserve.

3. Luego, caliente un poco de aceite en una cacerola a fuego medio-alto. Agregue las semillas de comino a la sartén y deje cocinar (mientras se revientan), durante 1 a 2 minutos. Luego, agregue los palitos de canela, las vainas de cardamomo, los clavos y las hojas de laurel a la sartén y cocine durante 1 minuto hasta que las hojas de laurel se doren. Reduzca la temperatura de cocción a fuego medio-bajo y agregue la cúrcuma, la pasta de jengibre, la pimienta de cayena y la pasta de ajo. Revuelva para mezclar todos los ingredientes.

4. Agregue el puré de tomate con la mezcla de especias. Continúe cocinando a fuego medio durante 5 minutos. Agregue mantequilla a la sartén y revuelva para permitir que la mantequilla se derrita. Luego, agregue el cilantro y el chile en polvo. Cocine hasta que esté mezclado.

5. Finalmente, agregue frijoles, lentejas y agua con la mezcla de tomate. Llevar a ebullición y luego reducir el fuego a bajo. Agregue el fenogreco en la mezcla de lentejas. Cubra la cacerola y proceda a hervir a fuego lento durante 45 minutos, revolviendo ocasionalmente.

6. Agregue su crema y caliente durante 2 a 4 minutos.

7. Servir caliente.

Brinjal Bharta (berenjena india)

Ingredientes

- sal (0.25 cucharadita)
- aceite vegetal (1 cucharadita)
- berenjena (1)
- cilantro fresco (4), picado
- pimienta (0.25 cucharadita)
- pimienta de cayena molida (0.25 cucharadita)
- tomates Roma (2) picados
- cebolla mediana (1), picada

Método de preparación

1. Encienda su horno a la configuración de asador. Coloque su berenjena en la asadera y proceda a asar por 5 minutos. Mientras esté asando, a veces gire la berenjena para garantizar una cocción uniforme. La berenjena se hace cuando la mitad de su piel está carbonizada. Retire la berenjena del horno.

2. En un plato apto para microondas, agregue la berenjena y cocine durante 5 minutos a fuego alto. La berenjena debe estar tierna cuando esté lista. Cuando la berenjena se haya enfriado lo suficiente, para manipularla, retire la piel de la berenjena, dejando los pedazos chamuscados. Cortar la berenjena en rodajas gruesas.

3. Caliente una sartén con un poco de aceite a fuego medio. Agregue las cebollas y continúe cocinando hasta que las cebollas estén tiernas. Mezcle la berenjena y los tomates en la sartén. Mientras cocina, sazone con pimienta negra, sal y pimienta de cayena. Continúe revolviendo hasta que todos los ingredientes estén suaves. Use cilantro para decorar.

Capítulo 5: Favoritos de la India

Garam Masala

Ingredientes

- ☒ hojas de laurel (4)
- ☒ semillas de comino (1/4 taza)
- ☒ clavo (20 g)
- ☒ granos de pimienta (20 g)
- ☒ semillas de cardamomo negro (50 g)
- ☒ canela (20 g)

Método de preparación

1. Asegúrese de que todos los ingredientes estén secos. De lo contrario, colóquelo en un colador bajo la luz solar directa para eliminar la humedad.
2. Cuando esté seco, mezcle los ingredientes en un procesador de alimentos y muela hasta obtener un polvo.
3. Almacene en un frasco hermético para su uso posterior.

Rogan Josh

Ingredientes

- carne de elección (1 kg), preferiblemente cordero
- azafrán (1/3 cucharadita)
- clavo (2)
- hojas de laurel (2)
- comino en polvo (2 cucharaditas)
- aceite de mostaza refinado (1 taza)
- chile rojo en polvo (3 cucharaditas)
- palitos de canela (2)
- vainas de cardamomo verde (4 piezas)
- polvo de hinojo (3 cucharaditas)
- asafetida (1 cucharadita)
- polvo de cardamomo marrón (3 cucharaditas)
- jengibre en polvo (2 cucharaditas)
- cuajada (1 taza)
- aceite vegetal

Método de preparación

1. Lave adecuadamente su carne antes de colocarla en una olla a presión precalentada y engrasada.
2. Agregue 1 cucharadita de sal, cardamomo verde, canela, asafetida, hojas de laurel y clavo en la olla a presión.
3. Fríe la carne hasta que se dore y luego vierta agua en la olla a presión.
4. Agregue chile rojo y azafrán a la olla. Continúe revolviendo, por unos minutos más.
5. Usando una batidora, procese la cuajada y viértala en la olla a presión. Continúe revolviendo, hasta obtener un tinte de enrojecimiento.

6. Agregue jengibre en polvo, hinojo en polvo y 2 tazas de agua en la olla a presión y cocine por 2 minutos.
7. Compruebe si su carne está tierna. Con un cuchillo, triture las vainas de cardamomo verde para eliminar las semillas. Moler las semillas con el polvo de cardamomo marrón y agregar a la carne a medida que avanza.
8. Espolvoree su comino en polvo sobre la carne, mientras sigue cocinando a fuego lento durante unos minutos más. Servir y disfrutar.

Paneer de Mantequilla

Ingredientes

- ☒ leche (2-3 cucharadas)
- ☒ queso paneer (1 taza)
- ☒ fenogreco en polvo (2 cucharadas)
- ☒ chile rojo en polvo
- ☒ tomates, (6) picados
- ☒ crema
- ☒ sal
- ☒ anacardos (15)
- ☒ dientes de ajo (5), triturados
- ☒ mantequilla (2 cucharadas)
- ☒ azúcar (1 cucharadita)

Método de preparación

1. Usando una sartén, derrita la mantequilla con el ajo, la canela y los anacardos. Fríe esta mezcla, hasta que cambie de color.
2. A continuación, agregue los tomates y saltee hasta que se ablanden. Luego, agregue el chile en polvo y la sal. Continúe salteando, durante 2 a 3 minutos. Luego, muela todos estos ingredientes en una pasta fina con una licuadora.
3. En otra sartén, agregue mantequilla y proceda a asar los pedazos de queso paneer. Deben estar dorados en ambos lados cuando estén listos. Una vez hecho esto, retire las piezas de queso paneer y reserve.
4. En la misma sartén, agregue la pasta de tomate y anacardos que preparó anteriormente y deje hervir a fuego lento durante 3 a 4 minutos.

5. Ahora, coloque el polvo de fenogreco y el azúcar en la olla y deje hervir a fuego lento, aproximadamente 1 minuto.
6. Agregue leche a los pedazos de queso paneer y continúe cocinando.
7. Cubra con crema y sirva caliente en un plato.

Ganso de Navidad Dum Biryani

Ingredientes

- ☒ aceite vegetal (50 ml)
- ☒ sobras de ganso (2.25 tazas), rallado

Para el ganso:

- ☒ semillas de comino (1 cucharadita)
- ☒ polvo de garam masala (1 cucharadita)
- ☒ aceite vegetal (3 cucharadas)
- ☒ chile rojo en polvo de cachemir (1 cucharadita)
- ☒ yogur griego (3 cucharadas)
- ☒ polvo de hinojo (1 cucharadita)
- ☒ clavo (5)
- ☒ agua (200 ml)
- ☒ mantequilla derretida (2 cucharadas) o grasa de ganso
- ☒ canela (2 pulgadas), rota
- ☒ vainas de cardamomo verde (5)
- ☒ polvo de cilantro (1 cucharada)
- ☒ sal al gusto
- ☒ puré de tomate (2 cucharadas)
- ☒ hojas de menta (1 cucharada), finamente picadas
- ☒ pasta de jengibre (de 2 pulgadas de raíz)
- ☒ cebolla blanca (200gm), en rodajas finas
- ☒ pasta de ajo (de 6 dientes)
- ☒ cilantro (1 cucharada), finamente picado
- ☒ polvo de cúrcuma (1 cucharadita)
- ☒ leche tibia (2 cucharadas), infundida con azafrán
- ☒ cebolla roja, rodajas de limón o granada para decorar

Para el arroz biryani:

- ☒ sal
- ☒ arroz basmati (2.25 tazas), lavado y escurrido
- ☒ vainas de cardamomo verde (3)
- ☒ agua (1 l)
- ☒ cebolla blanca (0,75 tazas), en rodajas finas
- ☒ hojas de laurel (2)

Método de preparación

1. Usando una sartén, caliente un poco de aceite a fuego medio, agregando cebollas y freír durante unos 15 a 20 minutos. Sus cebollas deben estar doradas cuando estén listas. Coloque las cebollas en toallas de papel para drenar el aceite. Ponga a un lado.

2. Para cocinar el biryani, comience calentando un poco de aceite en una sartén. Agregue las especias y verduras enteras con el aceite. Fría las verduras durante 1 minuto a fuego medio, luego agregue algunas cebollas picadas. Luego, saltee las cebollas durante 12 a 15 minutos, hasta que comiencen a ablandarse y se doren ligeramente.

3. Luego, agregue la pasta de ajo y jengibre en la sartén y continúe cocinando, revolviendo durante unos minutos. Agregue el puré de tomate y fríalo durante 2 minutos, revolviendo con frecuencia. A continuación, agregue las especias en polvo y continúe cocinando durante otro minuto. Revuelva continuamente para evitar quemar las especias.

4. Desglasear la sartén con un poco de agua. Cocine a fuego lento durante 2 minutos, agregue el yogur y revuelva. Permita que esta mezcla se cocine durante 6 a 7 minutos. Luego, usando su condimento, condimente el ganso rallado al gusto. Cubra la sartén y deje que se caliente por 2 minutos. Apague el fuego y

agregue el garam masala, mientras revuelve para mezclar. Ponga a un lado.

5. Ahora, precaliente su horno a 350° F. Vierta un litro de agua en una olla y hierva. Agregue algunas hojas de laurel, arroz, sal y vainas de cardamomo en la olla. Hervirlos hasta que el arroz esté cocido al 75%, esto tomará de 7 a 10 minutos. Escurrir el arroz de la olla y reservar.

6. Usando mantequilla o grasa de ganso, cubra la base de una cacerola (asegúrese de que la cacerola tenga una tapa bien ajustada). Coloque una capa con el 50% del curry de ganso en la base de la cacerola junto con el 50% del arroz. Agregue azafrán, menta, leche, cilantro y un puñado de cebollas fritas a la cacerola. Repita con otra capa de ganso, arroz, menta, azafrán, cilantro y cebollas fritas junto con la mantequilla sobrante, que se ha derretido, en la cacerola.

7. Cubra bien la cacerola con papel pergamino y la tapa. Coloque el plato en su horno caliente durante 25 minutos para terminar de cocinar la carne. Apague el fuego y deje que el biryani descanse en el horno durante 15 minutos. Quitar la tapa inundará su cocina con los deliciosos aromas del plato.

8. Con un tenedor, esponje el arroz y luego colóquelo en un plato para servir. Decore con cilantro y sirva con aros de cebolla, granada y rodajas de limón o crema raita. Disfrute esta comida caliente.

Curry de Pollo estilo Kerala

Ingredientes

- pollo (1 kg)
- cebollas blancas (6.75 cucharadas), finamente picadas
- sal al gusto
- yogur griego (2 cucharadas)
- agua (100 ml)
- clavo (6)
- polvo de cúrcuma (1 cucharadita)
- aceite vegetal (2 cucharadas)
- canela (1 pulgada)
- polvo de cardamomo (0.50 cucharaditas)

Para la pasta de anacardo:

- anacardos (0.25 tazas), remojados en agua tibia
- jengibre (2 pulgadas), picado aproximadamente
- chiles ojo de pájaro (2)

Para el templado:

- anacardos (puñado)
- aceite vegetal (2 cucharadas)
- semillas de mostaza negra (1 cucharadita)
- hojas de curry (10-12)

Método de preparación

1. En un tazón, agregue pollo, cúrcuma, yogur y una pizca de sal. Mezclar todo junto. Marinar el pollo en la nevera durante al menos 2 horas o toda la noche.

2. Agregue los ingredientes para la pasta de anacardo, incluido el agua de remojo, en una licuadora y mezcle hasta que la mezcla sea una pasta suave y fina. Ponga la pasta a un lado.

3. Usando una sartén, con un poco de aceite caliente, agregue canela y clavo. Permítales chisporrotear durante 1 minuto. Agregue las cebollas y fríalas a fuego medio, durante 10 a 12 minutos.

4. Luego, agregue su pollo marinado y fríalo durante 8 minutos, déjelos dorar. Revuelva bien para mezclar los sabores. Continúe cocinando la carne en los jugos a una temperatura más baja. Agregue condimentos al gusto.

5. Luego, agregue un poco de agua, cubra la olla y cocine por 25 minutos más. Asegúrese de revolver cuando la comida esté a la mitad.

6. Agregue la pasta de anacardo mezclada y cocine a fuego lento durante 5 minutos. Luego, agregue el polvo de cardamomo y luego apague el fuego. Use agua si la salsa está demasiado espesa.

7. Use otra sartén, caliente el aceite para templar (saltear para liberar sabores y aromas) a fuego medio. Agregue los anacardos y fría por 2 minutos. Revuelva hasta que se doren. Usando un colador, escurra las nueces y póngalas a un lado. Ahora, usando la misma sartén y aceite, agregue las hojas de curry y las semillas de mostaza. Cuando comiencen a estallar, agregue el contenido de la sartén, así como el anacardo, al pollo. Sirva esta comida con pan paratha y disfrute.

Unniyappam (albóndigas de plátano fritas indio)

Ingredientes

- ☒ Azúcar india jaggery (1.50 tazas)
- ☒ harina de arroz (2 tazas)
- ☒ jengibre molido (1 cucharadita),
- ☒ plátanos maduros (2), pelados
- ☒ ghee derretida (mantequilla clarificada) o aceite de coco (0,75 taza)
- ☒ coco (0.50 taza), recién rallado
- ☒ bicarbonato de sodio (0.50 cucharadita)
- ☒ cardamomo (2 cucharaditas), recién molido

Método de preparación

1. Precaliente una olla a fuego medio. Agregue el azúcar moreno y 1.5 tazas de agua. Siga revolviendo hasta que el azúcar jaggery se haya disuelto.
2. Usando un tamiz fino, drene la mezcla y luego déjela a un lado para que se enfríe.
3. Use su procesador de alimentos para mezclar los plátanos hasta que estén suaves.
4. Luego, en un tazón, agregue harina de arroz de cardamomo, jengibre, coco y bicarbonato de sodio, y continúe revolviendo hasta que esté bien mezclado. Luego, agregue el puré de plátano y el jarabe de azúcar jaggery, y continúe revolviendo hasta que se forme una masa. Cubra la olla, dejándola descansar por 3 a 4 horas.
5. Usando toallas de papel, forre un plato para drenar el Unniyappam después de cocinarlo. En una sartén que se haya calentado a fuego alto, agregue el ghee, haciendo hojuelas en la sartén. Una vez que el ghee esté humeando, baje el fuego a medio y proceda a cocinar la masa. Usando 1 cucharada de

masa, colocada en los trozos de manteca, cocínelos hasta que estén ligeramente dorados y crujientes por un lado, aproximadamente 2 minutos. Voltee las gotas de masa y continúe cocinando durante 2 a 3 minutos.

6. Coloque las gotas de masa en el plato preparado cuando estén listas. Repita con el resto de su masa. Sirve tu Unniyappam caliente y disfruta.

Laddu de coco

Ingredientes

- ☒ leche condensada (1 taza)
- ☒ anacardos (10-15)
- ☒ khoya (0.50 taza)
- ☒ coco desecado (1.50 taza)
- ☒ almendras (10-15)
- ☒ ghee – mantequilla clarificada (1 cucharadita)

Método de preparación

1. Prepare una sartén con un poco de aceite y caliente a fuego medio. Coloque el khoya en la sartén y saltee hasta que se derrita y forme una pasta. Dejar de lado.
2. Ahora, coloque el ghee en la sartén y tueste hasta que los anacardos estén de color marrón dorado.
3. Luego, agregue las almendras en la sartén y tueste hasta que estén dorados.
4. Agregue el coco desecado en la sartén, salteando hasta que el coco tenga un color marrón claro. Luego, agregue la leche condensada y proceda a calentar hasta que forme una pasta espesa.
5. Ahora, regrese la pasta de khoya a la sartén. Mezclar para combinar todos los sabores.
6. Usando sus manos, haga pequeñas bolas redondas de la pasta, mezclándolas bien con los anacardos tostados y las almendras.
7. Ahora, enrolle las bolas en el coco tostado y desecado.
8. Sirva el lado de coco tibio y disfrútelo.

Conclusión

Gracias por llegar hasta el final de La Dieta India Completa. Esperamos que haya sido informativo y capaz de proporcionarle todas las herramientas que necesita para alcanzar sus objetivos de cocina india.

La comida india es una cocina maravillosa y sabrosa. Al comprar y leer este libro, ha agregado un recurso valioso a su estante de libros de cocina. La India es conocida por su cocina, y este libro de cocina realmente muestra solo algunas de sus comidas favoritas. Seguramente disfrutará de cada una de estas comidas y, tal vez, encuentre algunas nuevas recetas favoritas.

Lightning Source UK Ltd.
Milton Keynes UK
UKHW021443030720
365983UK00006B/955

9 781913 796099